Klick! 1

Arbeitslehre/ Wirtschaft

Erarbeitet von
Christine Fink
Dr. Oliver Fink
Wolfgang Humann
und Silke Weise

Cornelsen

Inhaltsverzeichnis

Liebe Schülerin, lieber Schüler,

**diese Zeichen findest du vor den Aufgaben.
Sie bedeuten:**

 Klassengespräch

Partnerarbeit

Gruppenarbeit

 Sehen

 Lesen

Sprechen

Schreiben

 Handeln

 Mit dem PC arbeiten

**In diesem Buch findest du Seiten mit einem besonderen Zeichen.
Sie bedeuten:**

 hier lernst du eine Methode

 hier kannst du etwas Praktisches tun

 hier kannst du dein Wissen erweitern

 Das kann ich! – hier prüfst du dein Wissen

Arbeitslehre: ein neues Schulfach

Viele Inhalte in diesem neuen Schulfach werden euch sicher bekannt vorkommen.
Womit beschäftigen wir uns im Fach Arbeitslehre?

① Leben und arbeiten im Haushalt

② Markt und Konsum

③ Rund ums Geld

④ Berufe kennen lernen

 1 Beschreibt die Bilder. Was haben die Bilder mit „Arbeit" zu tun?

In diesem Buch werden wir uns mit vier großen Themenbereichen beschäftigen:

- Leben und Arbeiten im Haushalt (Hauswirtschaft)
- Markt und Konsumverhalten (wirtschaftliche Grundlagen)
- Rund ums Geld (Geld verdienen, die Funktionen des Geldes)
- Berufe kennen lernen, ein Betriebspraktikum machen (Berufskunde).

2 Zu welchem Themenbereich passen diese Fragen?
Ordnet die Fragen den Themenbereichen zu.

Wie kann ich zu meinem Taschengeld etwas dazuverdienen?

Welche Arbeiten sind in einem Haushalt zu erledigen?

Warum haben gleiche Produkte so unterschiedliche Preise?

Welcher Beruf passt zu mir? Was könnte ich werden?

Was muss ich beim Kauf eines Produktes beachten?

Wie soll ich eine Waschmaschine einstellen und einschalten?

Wie können wir unsere Klassenkasse aufbessern?

Wie finde ich einen Praktikumsplatz?

3 Welche weiteren Fragen habt ihr an das Fach Arbeitslehre?
Schreibt eure Fragen auf Karteikarten.
Ordnet sie den Themenbereichen zu.

Welche Bedeutung hat Arbeit?

Arbeit ist eine wichtige Grundlage für das menschliche Leben. Was Arbeit alles bedeuten kann, zeigen uns auch Sprichwörter aus der ganzen Welt.

> Ohne Fleiß kein Preis.
> (Deutsch)

> Jó munkához idö kell. (Ungarisch)
> (= „Gute Arbeit braucht Zeit.")

> Bügünkü işini yarına
> (Türkisch)
> (= „Was du heute kannst besorgen, das verschiebe nicht auf morgen.")

> عد ستر كالب (Arabisch)
> (= „Morgenstunde beglückt":
> „Morgenstund hat Gold im Mund.")

 1 Was bedeuten diese Sprichwörter?

 2 Welche Arbeitstugenden werden hier angesprochen?

 3 Kennt ihr noch weitere Sprichwörter zum Thema „Arbeit" aus anderen Sprachen?

📖 Wir arbeiten – aus guten Gründen

1 Arbeit hat verschiedene Formen. Man sagt auch, wir
2 arbeiten, um unseren Lebensunterhalt zu sichern.
3 Diese Form der Arbeit nennen wir Erwerbstätigkeit.
4 Es gibt aber auch andere Tätigkeiten: Arbeit im
5 Haushalt, Pflege und Erziehung von eigenen Kindern
6 oder ehrenamtliche Tätigkeiten.
7 Diese Arbeiten werden nicht bezahlt,
8 sind aber trotzdem sehr wichtig.

 4 Aus welchen Gründen arbeiten Menschen?

 5 Kennt ihr noch weitere nicht bezahlte Tätigkeiten?

Was bedeutet Arbeit für mich?

Bei dem Wort „Arbeit" denkt ihr vielleicht an die nächste Klassenarbeit oder an eure Hausaufgaben. Und das ist gut so: Lernen ist auch Arbeit. Was fällt euch noch ein, wenn ihr an „Arbeit" denkt?

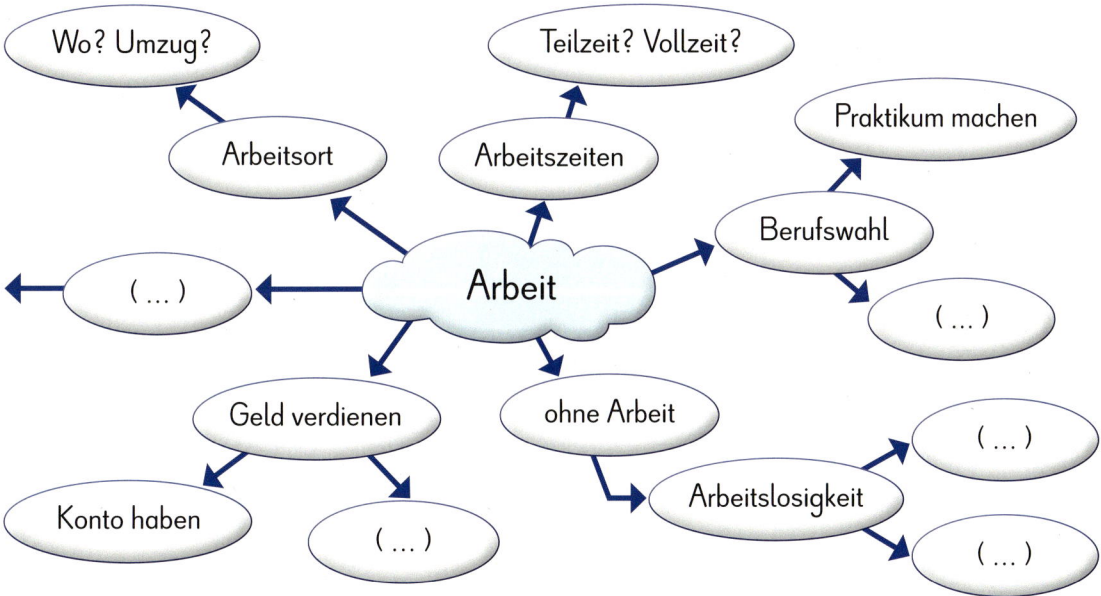

Eure Gedanken zu einem Thema könnt ihr auch in einem Cluster sammeln.

 1 Erstellt einen Cluster zum Thema „Arbeit".

2 Stellt eure Cluster in der Klasse vor.

Leben und arbeiten im Haushalt

Bei uns zu Hause

💬 **1** Wer könnte das gesagt haben?
Lest die Sätze in den Sprechblasen.
Ordnet die Aussagen den Hausbewohnern zu.

> Ich bin Frau Köhler und lebe seit 3 Jahren allein. Meine Wohnung ist klein und liegt im Erdgeschoss.

> Ich bin Kevin und 19 Jahre alt. Ich arbeite als Malergehilfe und wohne seit kurzem hier allein in meiner ersten Mietwohnung.

> Wir sind Nico und Iris. Wir wohnen hier in einer großen Wohngemeinschaft mit mehreren jungen Erwachsenen zusammen.

> Wir sind die Familie Yilmaz. Wir haben vier Kinder und leben gemeinsam mit den Großeltern in einer größeren Wohnung.

In diesem Haus leben verschiedene Personen.
Die Menschen wohnen, arbeiten, kochen, essen und
verbringen einen Teil der Freizeit in ihren Haushalten.

1 Wir leben alle in verschiedenen Haushaltsformen.
2 Manche Menschen, zum Beispiel Eltern mit Kindern,
3 leben in einem Haushalt zusammen.
4 Andere leben allein oder in einer Wohngemeinschaft.
5 Und es gibt auch noch viele andere Haushaltsformen.
6 Was für jeden Haushalt gilt:
7 Jeder Haushalt ist eine Wirtschaftseinheit.

2 Auf den Bildern siehst du verschiedene Personen in einem Haus.
Wie wohnen sie? Beschreibe die unterschiedlichen Wohnformen.

3 Und wie ist es bei euch?
Wie wohnt ihr? Mit wem wohnt ihr zusammen?

Viele Menschen – viele Haushalte

Menschen leben in verschiedenen Haushalten.
Wenn zwei oder mehrere Personen in einem Haushalt leben,
nennen wir das Mehrpersonenhaushalt.

1 Wir sind Nico und Iris. Wir wohnen
2 in einer großen Wohngemeinschaft (WG).
3 In unserer WG leben 5 junge Menschen zusammen.
4 Es ist praktisch und günstig, zusammenzuwohnen,
5 denn so können wir unter uns die Miete teilen.
6 Bei uns gibt es Pläne für das Putzen der Küche und
7 des Bades, aber leider halten sich nicht alle daran.

1 Wir sind Familie Yilmaz.
2 Wir haben vier Kinder und wohnen gemeinsam
3 mit den Großeltern in unserer Wohnung.
4 Wir führen einen großen Haushalt.
5 Wir kochen viel gemeinsam und bei uns hat jeder
6 eine oder mehrere Aufgaben im Haushalt.

1 Ich bin Marco und wohne mit meiner
2 Mutter in einer kleinen Wohnung.
3 Da wir zu zweit sind, haben wir
4 einen kleinen Haushalt. In der Woche
5 esse ich in der Schule und wir kochen
6 meistens nur am Wochenende. Meine Mutter
7 geht arbeiten und kommt oft spät nach Hause.
8 Ich helfe viel im Haushalt. Mein Zimmer
9 aufräumen oder die Waschmaschine
10 einschalten ist für mich kein Problem.

 1 Welche Haushaltsformen habt ihr hier kennen gelernt?

 2 Warum wohnen Nico und Iris in einer Wohngemeinschaft?

Viele Menschen – viele Haushalte

Es gibt auch Ein-Personen-Haushalte.
Hier lebt ein Mensch allein und die Aufgaben werden
meistens allein oder von einer fremden Person erledigt.

1 Ich bin Kevin und bin 19 Jahre alt.
2 Ich arbeite als Malergehilfe und wohne
3 in meiner ersten eigenen Wohnung.
4 Es ist gar nicht so leicht, allein zurecht zu kommen!
5 Früher zu Hause hat viel meine Mutter gemacht.
6 Jetzt muss ich allein einkaufen, etwas für mich kochen,
7 meine Sachen waschen. Und die Wohnung putzen
8 muss ich auch.

1 Ich bin Frau Köhler. Mein Mann ist vor drei Jahren
2 gestorben, seitdem wohne ich allein.
3 Um den Haushalt kann ich mich nicht mehr allein
4 kümmern. Ich bekomme mein Essen geliefert
5 und habe eine Haushaltshilfe. Meine Kinder und
6 Enkelkinder leben weit weg in einer anderen Stadt.
7 Ich freue mich sehr, wenn sie mich ab und zu besuchen.

 3 a) Beschreibt einen Ein-Personen-Haushalt.
b) Warum braucht Frau Köhler eine Haushaltshilfe?

 4 Arbeite mit einem Partner.
Befragt euch gegenseitig zu eurem Haushalt.

a) Schreibt Fragen auf, die euch interessieren.
Lasst hinter jeder Frage zwei Zeilen frei für
die Antworten.
Mit wie vielen Personen lebst du zusammen?
Wer kocht bei euch? (…)

→ ein Partnerinterview
durchführen S. 138

b) Stellt euch gegenseitig die Fragen und beantwortet sie.
c) Schreibt die Antworten auf.
d) Stellt eure Ergebnisse in der Klasse vor.

Jeder Haushalt muss wirtschaften

Jeder Haushalt ist anders. Aber alle Haushalte müssen wirtschaften.

Hatice erzählt:

1 Wir sind eine Großfamilie.
2 In unserem Haushalt leben 8 Personen.
3 Wenn wir einkaufen gehen, machen wir
4 einen Großeinkauf auf dem Markt. Frisches Obst,
5 Gemüse und Fleisch werden bei uns schnell verbraucht.
6 Meine Mutter oder Großmutter kochen jeden Tag.
7 Am Wochenende haben wir oft Besuch,
8 dann muss ich auch in der Küche mithelfen.
9 Unsere Wohnung ist groß, wir haben fünf Zimmer.
10 Die Miete zahlen meine Eltern und Großeltern
11 zusammen.

Kevin erzählt:

1 Ich lebe allein in meinem „Single-Haushalt".
2 Wenn bei mir jemand in den Kühlschrank schaut,
3 kann sofort sehen, dass ich nicht so oft einkaufe.
4 Tiefkühlpizza und Fertiggerichte habe ich auf Vorrat,
5 die kann ich mir schnell warm machen.
6 Sonst lohnt es sich nicht, für mich allein zu kochen.
7 In der Woche esse ich im Betrieb in der Kantine.
8 Nur am Wochenende, wenn Freunde zu Besuch
9 kommen, kochen wir etwas gemeinsam.
10 Meine Wohnung ist klein, ich habe zwei Zimmer.
11 Die Miete und die Nebenkosten zahle ich allein
12 aus meiner Ausbildungsvergütung.

💬 **1** Was habt ihr über den Haushalt von Hatice und Kevin erfahren?

💬 **2** Vergleicht die zwei Haushaltsformen.
Welche Unterschiede gibt es? Welche Gemeinsamkeiten?

Jeder Haushalt muss wirtschaften

Jeder Haushalt hat Einnahmen und Ausgaben.
Die Einkommensarten und die Höhe des Einkommens sind in
jedem Haushalt anders. Aber welche Ausgaben hat ein Haushalt?

feste Ausgaben (Fixkosten)	veränderbare Ausgaben (variable Kosten)
Miete und Nebenkosten	Ausgaben für Lebensmittel
Stromrechnung	Ausgaben für Kleidung
Telefonanschluss	Urlaub und Freizeit
GEZ-Gebühren	Reparaturen
Versicherungen	Benzinkosten für das Auto
Beiträge für Vereine	Schulmaterialien für Kinder

1 **Feste Ausgaben** müssen regelmäßig bezahlt werden.
2 Sie fallen meistens in jedem Monat an und haben die gleiche Höhe.
3 Die Miete für die Wohnung muss in jedem Monat bezahlt werden.
4 Versicherungen oder Beiträge für Vereine zahlt man
5 pro Quartal (Vierteljahr) oder für ein ganzes Jahr.

6 **Veränderbare Ausgaben** fallen nicht in jedem Monat an
7 und haben unterschiedliche Höhe. Die Reparaturkosten für
8 die Waschmaschine oder für das Auto sind variable Kosten.
9 Auch die Ausgaben für Lebensmittel und Kleidung sind
10 von Monat zu Monat unterschiedlich.

 3 Erkundige dich zu Hause.
  – Welche Einnahmen und Ausgaben hat euer Haushalt?
  – Wie hoch sind bei euch die festen Ausgaben?

4 Was kann passieren, wenn ein Haushalt mehr Geld
ausgibt als er eingenommen hat?

5 Erklärt, warum es wichtig ist, Geld für Notfälle zurückzulegen.

Wer macht was im Haushalt?

Ein 4-Personen-Haushalt benötigt ungefähr 35 Stunden in der Woche, um alle hauswirtschaftlichen Tätigkeiten zu erledigen. Das ist eine Menge Arbeit, für die niemand Geld bekommt. Zusammenleben kann nur gelingen, wenn alle ihren Teil beitragen.

Zwei Schüler berichten:

1 „Bei uns macht fast alles meine Mutter. Sie kocht jeden
2 Tag und macht die Wäsche. Beim Aufräumen und Putzen
3 helfe ich auch mal mit.
4 Aber Fenster putzen oder bügeln kann ich überhaupt nicht.
5 Mein Vater macht manchmal kleine Reparaturen in der Wohnung.
6 Er ist selten zu Hause, er muss ja den ganzen Tag arbeiten."

7 „Ich lebe mit meinem Vater zusammen. Wir teilen
8 die Arbeit im Haushalt unter uns auf. Ich kann schon
9 staubsaugen, die Wäsche sortieren, die Waschmaschine
10 füllen und einschalten. Mein Vater kocht abends für uns.
11 Und am Wochenende gehen wir gemeinsam einkaufen!"

1 Wer übernimmt welche Aufgaben in eurem Haushalt?
Welche Aufgaben übernimmst du?

2 Bekommst du Geld, wenn du im Haushalt arbeitest?
Sprecht darüber, ob das richtig ist.

Wer macht was im Haushalt?

In einem **Haushaltsspiegel** kannst du sehen, wer welche Aufgaben in eurem Haushalt übernimmt. Du kannst aber auch sehen, wer viele Freiräume und wenig Aufgaben hat.

Familie Fiedler

	Vater	Mutter	ich	…
Vorname	Jörg	Sabine	Lukas	
Beruf	Malermeister	Bürokauffrau	Schüler	
Alter	42	37	13	
Arbeitsplatz	eigener Betrieb	im Büro	Schule	
Arbeitszeiten	unterschiedlich, kann er sich frei einteilen	jeden Tag von 9.00 bis 15.00 Uhr (Teilzeit)	jeden Tag 8.00 bis 14.30 Uhr	
Aufgaben im Haushalt Was? Wie oft?	**ab und zu** Fahrräder reparieren Glühbirnen auswechseln	**jeden Tag:** > kochen > Wäsche waschen > Geschirr spülen **1 x pro Woche:** die Wohnung sauber machen	**jeden Tag:** Müll runterbringen **1 x pro Woche:** mein Zimmer aufräumen	
Hobby Was? Wie oft?	Fußball, 3 x Training in der Woche, 1 x Spiel am Wochenende	keine ab und zu ins Kino gehen	Judo, 2 x Training in der Woche, Gitarre	
…				

 3 Wie ist die Aufgabenteilung im Haushalt der Familie Fiedler? Wer hat sehr viel im Haushalt zu tun? Wer am wenigsten?

Zeichne eine Tabelle für deinen Haushaltsspiegel.

→ eine Tabelle zeichnen S. 137

 4 Befrage die Personen dazu und fülle die Tabelle aus.

Konflikte im Haushalt

Wer soll im Haushalt helfen?

Bei Familie Brandt sind beide Eltern berufstätig.
Ihre Tochter Sandra ist 14 Jahre alt. Nach der Schule
nachmittags hilft sie manchmal im Haushalt.
Eigentlich sind alle zufrieden, aber was ist wenn …

1 **Mutter:** Das kann doch wohl nicht wahr sein!
2 Schon wieder hat niemand den Geschirrspüler
3 ausgeräumt! Und wie sieht es
4 überhaupt in der Küche aus?!

5 **Sandra:** Warum soll ich das immer machen?
6 Ich habe es auch mal eilig!
7 Ich muss sowieso gleich zum Training.

8 **Vater:** Ich arbeite von früh bis spät im Büro.
9 Ihr könnt doch nicht von mir erwarten, dass
10 ich nach der Arbeit auch noch die Küche putze!

Wenn Menschen zusammenleben, kann es zu Konflikten kommen.
Jeder hat andere Interessen und Einstellungen zum Thema Haushalt.
Es ist wichtig, die verschiedenen Meinungen zu äußern und
eine Lösung für das Problem zu finden.

 1 Arbeite mit einem Partner. Versucht, euch in die Situation
der verschiedenen Personen hineinzuversetzen.
– Wie hat sich die Mutter gefühlt?
– Wie hat sich der Vater gefühlt?
– Wie hat sich Sandra gefühlt?

 2 Welche Lösung könnte hier helfen?

 3 In einem Rollenspiel könnt ihr die Situation nachspielen.

Konflikte im Haushalt – ein Rollenspiel

Kennt ihr auch solche Situationen?

Tamara sitzt in ihrem Zimmer und chattet den ganzen Tag. Sie hat vergessen, den Hund auszuführen.

Enrico kommt nach Hause aus der Schule und hört in seinem Zimmer ganz laut Musik. Er benutzt keinen Kopfhörer.

Damjans Zimmer sieht chaotisch aus. Obwohl seine Eltern ihm das schon oft gesagt haben, räumt er nicht auf.

 4 Wählt eine Situation aus oder erfindet einen eigenen Fall.

 5 Was wird wohl in der Familie passieren? Macht ein Rollenspiel zu eurem Fall.

So könnt ihr vorgehen:

Ein Rollenspiel planen und durchführen:

- Entscheidet, wer welche Person spielt.
- Überlegt gemeinsam:
  - Was denkt die Person?
  - Was tut die Person?
  - Was sagt die Person?
- Macht euch zu jeder Person Notizen.
- Besprecht gemeinsam, wie ihr spielen wollt.
- Führt dann das Rollenspiel vor.

 6 Wertet das Rollenspiel aus. Überlegt gemeinsam, welche Verhaltensweisen bei Konflikten im Alltag hilfreich sind. Macht für euch Notizen dazu.

Hier siehst du drei Bilder von unterschiedlichen Arbeitsplätzen.

1 Beschreibe die drei Arbeitsplätze.

    Der Junge sitzt am Küchentisch. Er …
    Der Junge sitzt am Schreibtisch. Er …

2 Was meinst du, wo kann man besser arbeiten?
    Begründe deine Meinung.

Hier seht ihr einen Vorschlag für einen geordneten Arbeitsplatz.

3 Beschreibe deinen Arbeitsplatz zu Hause.
    Gibt es Dinge, die du an deinem Arbeitsplatz verbessern
    möchtest?

Das kann ich!

Hier seht ihr Aufgaben im Haushalt, die ihr übernehmen könnt.

 1 Erstellt eine Tabelle.
Macht jeweils einen Strich bei den Spalten 1–3.
Entscheidet, ob ihr diese Aufgabe gern oder ungern erledigt.

➜ eine Tabelle zeichnen S. 137

Die Spalten 1, 2 und 3 bedeuten:

1. Muss ich **regelmäßig** machen.
2. Muss ich **manchmal** machen.
3. Muss ich **nicht** machen.

Art der Tätigkeit	1	2	3	Macht Spaß!	Mache ich ungern!
Mahlzeit zubereiten					
Kuchen backen					
Einkaufsliste schreiben					
Rasen mähen					
Wäsche waschen und bügeln					
Bett beziehen und machen					
Geschirrspüler ein- und ausräumen					

 2 Arbeite mit einem Partner. Besprecht eure Ergebnisse.
Gibt es Aufgaben, die ihr beide gerne im Haushalt macht?

 3 Zeichne auf ein Blatt einen Arbeitsplatz auf,
wie du ihn dir wünschst.
Du kannst auch eine Collage kleben.
Überlege, was für dich wichtig ist.

Tätigkeiten im Haushalt

Es gibt viel zu tun

In diesem Kapitel erfahrt ihr viel über die Aufgaben,
die in einem Haushalt erledigt werden müssen.
In allen Räumen eines Haushalts gibt es etwas zu tun:
kochen, waschen, putzen und reparieren.
Einige Dinge werdet ihr selber ausprobieren können.

 1 Beschreibt die Tätigkeiten auf den Bildern.

2 Was wird wo gemacht?
Ordnet die Tätigkeiten den verschiedenen Räumen zu.

→ in der Küche,
im Bad,
in dem Wohnzimmer
(…)

Wäsche waschen   abtrocknen   spülen   saugen
Bett machen   Wäsche aufhängen   bügeln   kochen
aufräumen   Staub wischen   Boden wischen   putzen
reparieren   Wäsche falten   Wäsche einräumen   Tisch decken.

In der Küche > kochen, Geschirr spülen, …

Hast du schon einmal allein …

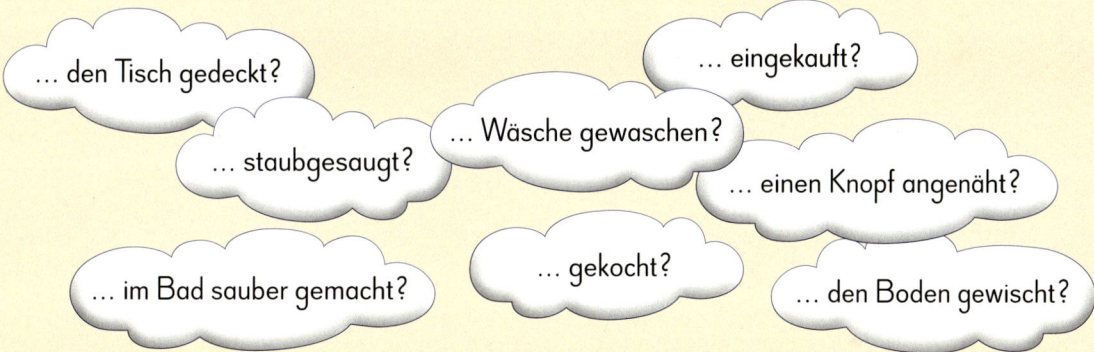

… den Tisch gedeckt?

… eingekauft?

… staubgesaugt?

… Wäsche gewaschen?

… einen Knopf angenäht?

… im Bad sauber gemacht?

… gekocht?

… den Boden gewischt?

 3 Mache eine Checkliste.
Trage ein: Was hast du schon gemacht?
Was musstest du dabei tun?

→ eine Tabelle zeichnen
S. 137

Tätigkeit im Haushalt	Das habe ich schon gemacht	Das musste ich tun
Tisch decken	Ja ✔	Tischdecke ausbreiten, Teller und Besteck ordnen, Serviette falten …

 4 Vergleicht eure Checklisten.

 5 Welche Aufgaben im Haushalt würdest du gern allein machen?
Welche darfst du noch nicht allein machen?

Was ist los in der Küche?

 1 Chaos in der Küche! Was ist hier passiert?

Ein wichtiges Gerät in der Küche ist der Herd.
Viele Unfälle im Haushalt passieren hier.
Deshalb solltet ihr euch damit gut auskennen.

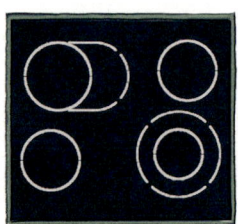 Stelle die Töpfe und Pfannen
immer auf das richtige Kochfeld.
Kochfelder haben
verschiedene Größen und lassen
sich unterschiedlich erhitzen.

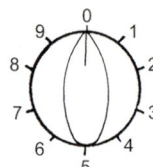 Bei 1–9 Stufen heißt das:
* Stufe 1–3: erwärmen
* Stufe 4–6: erhitzen
* Stufe 7–9: kochen

 2 Wie stellt ihr das Kochfeld ein, wenn ihr für Nudeln
Wasser zum Kochen bringen wollt?
Wie für warme Milch?

Was ist los in der Küche?

Für Kuchen, Aufläufe und Braten benötigst du den Backofen. Diesen kannst du mit unterschiedlichen Temperaturen und Funktionen einstellen.

Die Funktion bedeutet

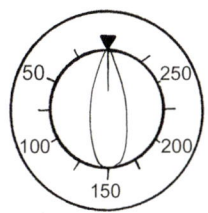

- Umluft
- Unterhitze
- Oberhitze
- Grill

 3 Sucht euch aus Kochbüchern ein Rezept für den Backofen heraus. Lest die Backanleitungen. Was müsst ihr einstellen?

 **Sicherheitshinweise**
Darauf solltet ihr achten!

a) Achtet darauf, dass der Herd kalt ist, bevor ihr etwas darauf abstellt. Plastik könnte schmelzen.
Glas könnte zerspringen.
b) Löscht niemals heißes Fett mit Wasser.
Das Fett kann explodieren. Lasst es erst abkühlen.
c) Ein heißes Blech nehmt ihr nur mit Topflappen oder hitzebeständigen Handschuhen heraus.
d) Überprüft vor dem Verlassen der Küche, ob der Herd ausgestellt ist.

 4 Welcher Satz passt zu welchem Bild?
Ordne die Sätze zu den Bildern.

Bild 3 > Satz c

 5 Schreibe die Sätze auf ein Blatt.
Formuliere so: 1. Ich achte darauf ...

Tätigkeiten in der Küche

1 Ich habe eingekauft und räume …

2 Ich stelle mir alle Zutaten bereit und …

3 Ich mache die Arbeitsplatte sauber und …

4 Ich decke …

5 Nach dem Essen räume ich den Tisch ab und …

6 Ich räume das Geschirr in die …

1 a) Welche Tätigkeiten in der Küche könnt ihr auf den Bildern erkennen?

b) Gibt es noch weitere Tätigkeiten, die ihr aus der Küche kennt?

2 Die Sprechblasen in den Bildern sind unvollständig. Beende die Sätze und schreibe die vollständigen Sätze auf ein Blatt.
Die Satzenden findest du hier:

… alles in den Kühlschrank und in die Schränke ein.

… koche nach einem Rezept.   … den Esstisch.

… Spülmaschine und räume sie aus, wenn sie durchgelaufen ist.

… reinige alle benutzen Kleingeräte.   … wische ihn ab.

Tätigkeiten in der Küche

**Um beim Kochen gut klarzukommen, ist es wichtig
die Arbeitsschritte einzuhalten.**

(2) Hände waschen   (8) Abfall trennen und entsorgen

(5) Zutaten genau abmessen   (4) Rezept nochmals aufmerksam durchlesen

(7) Nach dem Kochen: Aufräumen, Arbeitsfläche reinigen

(3) alles Benötigte bereitstellen   (1) lange Haare zusammenbinden

(6) Arbeitsschritte des Rezepts genau verfolgen

 3 Schreibt die Arbeitschritte in der richtigen Reihenfolge auf.
Schritt 1: Ich binde lange Haare zusammen.

Welche Geräte gibt es in der Küche?

 4 Was gibt es in einer Küche?
Macht dazu einen Cluster auf einem Plakat.
Ihr könnt dazu auch Bilder ausschneiden oder zeichnen.

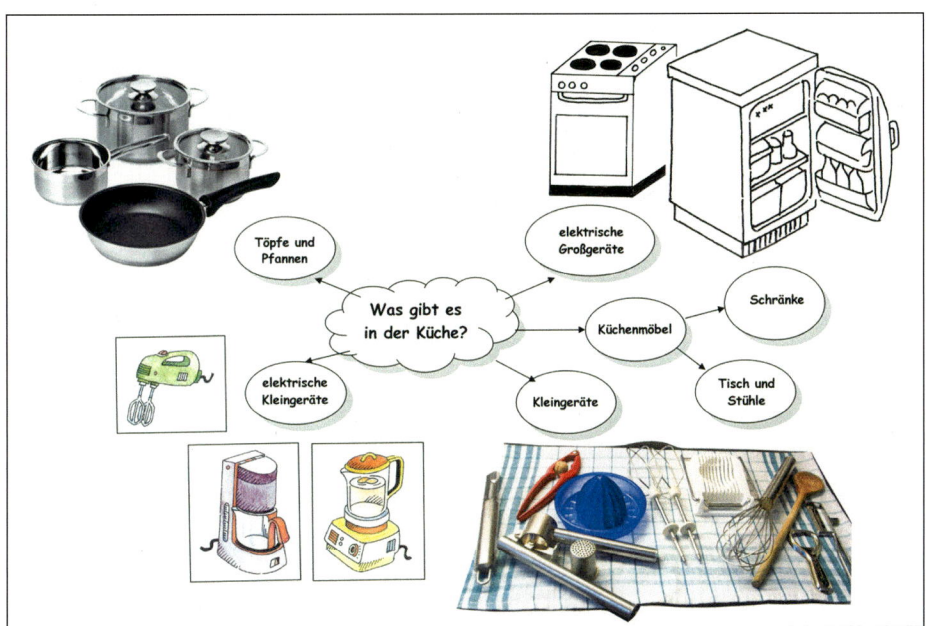

 5 Arbeite mit einem Partner.
– Wie heißen die Kleingeräte?
– Wozu werden sie benutzt? Schreibt auf.

Vor dem Kochen: Richtig Hände waschen

 1 Lest genau die Anleitung.

	Drehe den Wasserhahn auf. Stelle die Temperatur auf „handwarm" ein. Mache die Hände nass.
	Nimm einen Tropfen Seife. **Tipp:** Flüssigseife ist sauberer als eine feste Seife, die jeder anfasst!
	Seife deine Hände ca. 20 Sekunden ein. Vergiss nicht die Zwischenräume der Finger. **Tipp:** Zähle langsam bis 20!
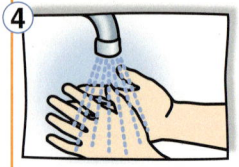	Wasche die Seife gründlich ca. 10 Sekunden ab. **Tipp:** Zähle langsam bis 10!
	Trockne die Hände gründlich mit einem sauberen Handtuch ab. **Achtung:** Ein Geschirrtuch ist kein Handtuch!

 2 Wie geht ihr vor?
Schreibt die Sätze in „Ich-Form" ab.

„Zuerst drehe ich den Wasserhahn auf und mache die Hände …"
„Dann nehme ich …."

 3 Warum ist es wichtig, die Hände gründlich zu waschen?

 4 Wascht nun eure Hände gründlich.

Gemischter Salat für 4 Personen

Kleingeräte:

- Schneidemesser
- Schneidebrett
- Salatschüssel
- Raspel
- Salatbesteck

Vorbereitung des Salats

 1 grüner Salat
(Kopfsalat, Feldsalat)
 waschen, putzen,
in mundgerechte Stücke reißen

 2 Tomaten
 waschen, Stielansatz
entfernen, achteln

 2 Möhren
 waschen,
schälen, raspeln

 1 Salatgurke
 waschen,
in Scheiben schneiden

 1 Gemüsezwiebel
 schälen,
in Stücke schneiden

Gebt alle Zutaten in eine Salatschüssel.

Zubereitung der Salatsauce

Salatsauce	Essig mit Zucker, Salz, Pfeffer verrühren
2 EL Essig	
½ TL Zucker	
1 TL Salz	
½ TL Pfeffer	
4 EL Olivenöl	Öl hinzufügen und verrühren

➜ Tipp für Salatsauce:
Öl und Essig sind
in der Salatsauce
immer im Verhältnis
2:1, dass heißt:
2 EL Öl – 1 EL Essig
4 EL Öl – 2 EL Essig

Vermengt alle Zutaten in einer kleinen Rührschüssel.
Gießt die Salatsauce erst kurz vor dem Essen auf den Salat.

Wir kochen nach einem Rezept

Hähnchenkeulen mit Tomatensauce

Kleingeräte:

Schneidemesser   Schneidebrett    Uhr/Wecker

Dosenöffner    Kochlöffel   Pfanne

Zutaten (für vier Personen):

2 EL	Olivenöl	1 Dose Tomatenwürfel
4	Hähnchenkeulen	1 Tl Instantbrühe
1	Zwiebel	1 Tl Italienische Kräuter
1	Knoblauchzehe	Salz, Pfeffer

Zubereitung:

①  Herd hochschalten und das Olivenöl
in einer großen, hohen Pfanne erhitzen.

②  Hähnchenkeulen kalt abwaschen, trockentupfen
und in dem heißen Öl goldgelb anbraten.

③  Zwiebel und Knoblauch schälen und
fein würfeln.

④  Zwiebel- und Knoblauchwürfel in die Pfanne
geben und mit anbraten.

Wir kochen nach einem Rezept

 **⑤** Die Dose Tomaten öffnen und zugeben.

 **⑥** Herd auf Mittelhitze herunterschalten.

 **⑦** Brühe und Kräuter zugeben und einrühren.
Deckel auf die Pfanne setzen und alles
ca. 20–30 Minuten schmoren lassen.

 **⑧** Zum Schluss alles mit Salz und Pfeffer
abschmecken.

Nach der Zubereitung:

Vergesst nicht:

→ Stellt den Herd ab!
→ Lasst die Pfanne abkühlen!

Guten Appetit!

Nach dem Essen

→ Schneidebrett und Schneidemesser reinigen
→ Pfanne nach dem Abkühlen spülen
→ Herd nach Abkühlen reinigen
→ Arbeitsfläche reinigen
→ Müll entsorgen

Nach dem Kochen: Müll entsorgen

Die Klasse 7 hat gekocht.
Mario und Janine haben die Aufgabe, den Müll zu entsorgen.
Sie sehen vor sich …

Wohin mit dem Müll?

Mario und Janine trennen und entsorgen den Müll
in den Papiercontainer, in den Glascontainer, in die Gelbe Tonne,
in die Biotonne und in den Restmüll.
In anderen Regionen werden die Müllbehälter oft anders genannt.

1 Welche Müllsorte gehört wohin?

2 Wie werden bei euch die verschiedenen Müllbehälter genannt?

Müll trennen – Müll vermeiden

Warum soll Müll getrennt werden?

1 Wir trennen Papier, Glas, Plastik, Lebensmittelreste und Restmüll.
2 Ein Teil dieser Abfallsorten kann wiederverwertet werden.
3 Plastik wird eingeschmolzen und zu Kleidung oder Spielzeug verarbeitet.
4 Altpapier wird zu neuem Papier verarbeitet.
5 Glas wird eingeschmolzen und wird zu neuem Glas verarbeitet.
6 Pfandflaschen werden ausgespült und neu befüllt.
7 Durch die Wiederverwertung des Mülls gibt es nur noch
8 wenig Restmüll. Dieser wird verbrannt.

> Müllverbrennung kostet viel Geld und verschmutzt die Luft.
> Deshalb ist es wichtig, möglichst wenig Restmüll zu haben.

 3 Seht eure Schulhefte und Bücher an.
Habt ihr etwas aus Altpapier?

Besser noch als Müll zu trennen und wieder zu verwerten, ist es, Müll zu vermeiden. Zum Beispiel beim nächsten Einkauf.

 Achte auf die Verpackungen.
Ist da mehr Verpackung als Inhalt?

 Sind die Gummibärchen
in einer Tüte verpackt oder
in vielen kleinen Einzelpackungen?

Auch in der Schule könnt ihr auf Müllvermeidung achten.

 Nehmt in die Schule eine Trinkflasche mit,
die neu befüllt werden kann.

 4 Habt ihr noch andere Ideen, wie ihr Müll vermeiden könnt?

Der Weg der Schmutzwäsche

Heute dreckig – morgen sauber im Schrank

 1 Lest den Comic.

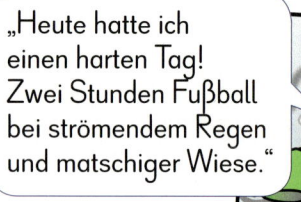

„Heute hatte ich einen harten Tag! Zwei Stunden Fußball bei strömendem Regen und matschiger Wiese."

„Endlich kümmert sich einer um mich! Aber was soll das – ich komme auf den Haufen mit anderen dreckigen und stinkenden Klamotten?!"

„Endlich frisches Wasser und duftendes Waschmittel! Jetzt geht's rund!"

„Ich darf jetzt richtig abhängen! Ab auf die Leine zum Trocknen."

„Ich bin platt: Alle Falten werden weggebügelt."

„Schick und in Form geht es zurück in den Schrank."

2 Welchen Weg macht die Schmutzwäsche, bis sie wieder frisch im Schrank liegt? Beschreibt die einzelnen Tätigkeiten.

3 Schreibt auf ein Blatt die Stationen der Schmutzwäsche mit den Tätigkeiten. Schreibt es so auf:

	Station	Tätigkeit
1.	Vor der Waschmaschine	Ich sortiere die Wäsche nach Farbe und Waschtemperatur.
2.	In der …	

Der Weg der Schmutzwäsche

Mein Lieblings-T-Shirt ist dreckig.
Ich will es aber morgen wieder anziehen.
Mama kommt erst spät nach Hause – dann wird
es bis morgen nicht fertig!
Dann muss ich wohl selbst waschen.
Aber wie geht das?

1 Wenn ihr eure Kleidung waschen wollt, müsst ihr einige
2 Dinge beachten. Denn nicht jeder Stoff kann bei jeder
3 Temperatur und mit jedem anderen Stoff oder mit
4 anderer Farbe zusammen gewaschen werden.
5 Deshalb gibt es in jedem Wäschestück Pflegehinweise.
6 Sie zeigen euch, wie ihr es richtig macht.
7 Wenn ihr die Waschmaschine falsch einstellt,
8 kann die Wäsche einlaufen. Das heißt, sie wird kleiner.
9 Oder die Wäsche kann sich verfärben.

**Die Pflegehinweise findest du immer auf der Innenseite
der Wäsche, z. B. beim T-Shirt auf der Innenseite am Nacken.
So können Pflegehinweise aussehen:**

Nicht waschen, bei einer Reinigung nachfragen	Schonend waschen bei 30 °C	Handwäsche in lauwarmen Wasser	Nicht in den Trockner	Schonend trocknen im Trockner bei niedriger Temperatur	Nicht bügeln	Bei niedriger Temperatur bügeln

 4 Sucht Pflegehinweise in euren Jacken oder euren T-Shirts.
Erklärt euch, wie ihr die Jacke oder das T-Shirt waschen müsst.

So waschen wir richtig

Vor der Wäsche:

- Schließe die Reißverschlüsse, Druckknöpfe usw.
- Leere die Taschen.
- Trenne dunkle und helle, weiße und farbige Kleidung, um Verfärbungen zu vermeiden.
- Lies die Pflegehinweise und trenne die Wäsche nach der Waschtemperatur.

Stelle die Waschmaschine ein:

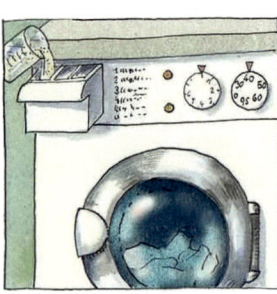

- Stelle die richtige Temperatur ein.
- Stelle das richtige Programm ein.
- Überprüfe, ob die Waschmaschine voll ist, sonst verbraucht die Wäsche unnötiger Strom.
- Schließe die Waschmaschinentür.
- Fülle so viel Waschmittel ein, wie auf der Packung angegeben ist.
- Drücke den Startknopf.

Nach der Wäsche:

- Stelle die Maschine ab.
- Öffne die Tür.
- Lege die Wäsche in einen Wäschekorb.
- Hänge die Wäsche sorgfältig zum Trocknen auf.

Tipp: Wenn du die Wäsche sorgfältig aufhängst, bekommt sie wenig Falten.
So musst du weniger bügeln.

 1 Sucht einen Pflegehinweis auf einem Wäschestück.

a) Zeichnet ihn ab.
b) Beschreibt nun den Waschvorgang für das Kleidungsstück.
c) Schreibt die Sätze auf ein Blatt.
   Diese Satzteile helfen euch dabei.

EUR 38
US 8
MADE IN TURKEY
MACHINE WASH WARM
ONLY NON-CHLORINE
BLEACH, WHEN NEEDED
TUMBLE DRY LOW
LOW IRON

Wenn ich mein T-Shirt waschen möchte, muss ich/darf ich ...
... nur helle/bunte Sachen dazu tun.
... die Maschine auf ... Grad einstellen. (...)

Richtig Bügeln: Sicherheitshinweise

1 Auf euren Pflegehinweisen ist sicher eines dieser Zeichen
2 zu sehen. Es zeigt, wie euer Kleidungsstück gebügelt
3 werden muss. Diese Zeichen findet ihr oft auch
4 auf einem Bügeleisen.

 1 Schaut noch einmal auf euren Pflegehinweis.
Wie heiß dürft ihr euer Kleidungsstück bügeln?

 Sicherheitshinweise:

- Vergiss nicht nach dem Bügeln den Stecker zu ziehen!
- Stelle das Bügeleisen immer brandsicher ab,
  wenn du einen kurzen Moment nicht bügelst!
- Bedruckte T-Shirts sollst du immer von der Innenseite bügeln!

Handtücher falten

 2 Nehmt ein Handtuch und versucht es sorgfältig wie auf den
Bildern zu falten. Mehrere Handtücher könnt ihr so stapeln.

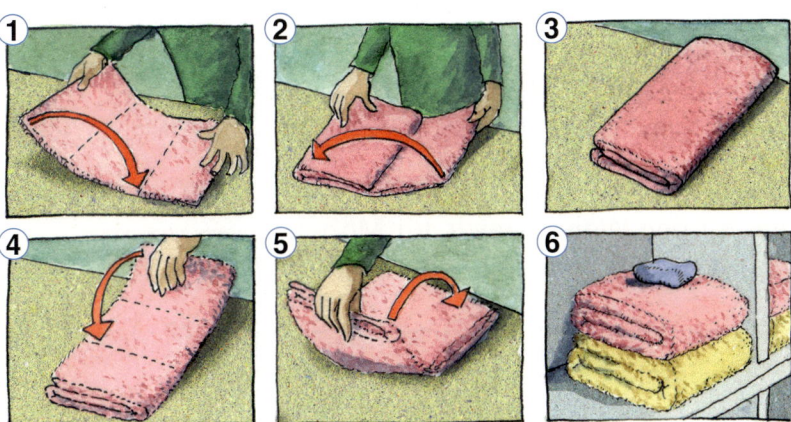

Reinigen – die kleine Putz-Schule

Die kleine Putz-Schule: Was wird womit gereinigt?

📖 Reinigungsmittel im Haushalt

1 Für jeden Bereich und Gegenstand im Haushalt gibt es
2 spezielle Reinigungsmittel. Für den Fußboden benutzen
3 wir einen Allzweckreiniger. Für Glasflächen oder zum
4 Fenster putzen gibt es Glasreiniger oder Spiritus.
5 Wenn wir im Bad sauber machen, verwenden wir einen
6 Badreiniger. Dieser Reiniger enthält Essig oder eine
7 andere Säure. Damit können Gegenstände im Bad
8 entkalkt werden. In der Küche wird für das Geschirr
9 ein Spülmittel verwendet. Um Töpfe sauber zu machen,
10 brauchen oft ein Scheuermittel. Es gibt auch noch weitere
11 spezielle Reiniger für den Wohnbereich, für Möbel,
12 Textilien oder Parkettböden.

> Für ein umweltfreundliches Reinigen verwenden wir
> nur wenig Putzmittel. Es ist wichtig, Putzmittel richtig
> zu dosieren. Beachtet die Dosierempfehlungen auf
> der Verpackung!

Reinigen – die kleine Putz-Schule

Geräte und Hilfsmittel fürs Reinigen

 1 a) Seht euch die Gegenstände in der Grafik auf Seite 38 an.
b) Wählt jeweils 3 Gegenstände aus.
c) Beschreibt, wozu sie verwendet werden.

Den Schwamm benutzen wir für …
Schaufel und Handbesen benutzen wir für …

Wie hält man eine Wohnung sauber?

„In meinem Haushalt …

…wird nach jedem Putzen der Lappen weggeworfen.“	… gibt es einen Lappen für alles.“
…wird die Toilette zweimal täglich desinfiziert.“	…wird die Toilette einmal pro Woche geputzt.“
… dürfen alle Familienmitglieder und Gäste nur auf Socken laufen.“	… dürfen alle mit Schuhen durchlaufen.“

 2 Was meint Ihr? Was findet ihr gut, was findet ihr übertrieben? Was findet ihr schlecht? Begründet eure Meinung.

1 In Putzmitteln sind meist Chemikalien, die gefährlich
2 sein können. Putze möglichst immer mit Handschuhen,
3 denn die Chemikalien können die Haut reizen.
4 Putzmittel müssen immer außer Reichweite von kleinen
5 Kindern aufbewahrt werden. Putzmittel müssen nach
6 dem Putzen immer weggeräumt werden.

Beachtet immer die Warnhinweise auf der Verpackung!

 3 Arbeite mit einem Partner. Erstellt eine Liste für die Grundausstattung von Putzmitteln und Geräten. Geht zusammen in einen Drogeriemarkt und erkundigt euch nach dem Preis von den jeweiligen Putzmitteln.

➜ eine Preiserkundung planen und durchführen S. 136

Reparatur und Wartung

1 Welche Reparaturen und Wartungsarbeiten fallen in einem Haushalt an? Schreibt sie an die Tafel.

2 Was dürft ihr selber machen?
Was muss ein Erwachsener machen?
Markiert diese Reparaturen farbig an der Tafel.

3 Wer hat schon mal eine Batterie ausgewechselt?
Worauf müsst ihr dabei achten?

Sicherheitshinweis:

Reparaturen und Erneuerungen an Elektrogeräten dürfen nur Erwachsene und fachkundige Personen durchführen.

4 Erkundige dich zu Hause.
– Wo ist bei euch der Sicherungskasten?
– Wie wird der Strom abgeschaltet?

 **Aktion**

Einen Knopf annähen

Ihr braucht:

 eine <u>Nähnadel</u>  einen <u>Nähfaden</u>

ein <u>Stück Stoff</u>  einen <u>Knopf</u>  eine <u>Schere</u>

So könnt ihr vorgehen:

- Schneidet ein ca. 40 cm langes Stück Faden ab.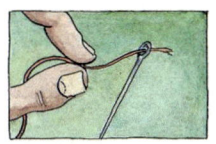

- Nehmt die Nadel und den Faden.
  <u>Fädelt</u> den Faden in das Nadelöhr. Zieht den Faden
  ungefähr bis zu einem Drittel durch das Öhr.

- Legt den Knopf auf den Stoff. Stecht mit der Nadel
  durch ein Knopfloch und den Stoff. Zieht die Nadel
  mit dem Faden nicht ganz durch.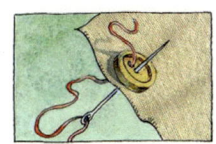

- Stecht nun mit der Nadel <u>von unten durch den Stoff</u>
  und durch ein anderes Knopfloch. Wiederholt das
  Einstechen durch alle Knopflöcher von unten und
  von oben 10 Mal.

- Zieht die Nadel zwischen Knopf und Stoff heraus.
  <u>Zieht den Faden</u> jetzt dreimal straff <u>um den Knopf</u>.

- Stecht noch einmal durch ein Knopfloch
  von oben und wieder zurück.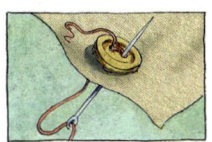

- Knotet jetzt die beiden Fadenenden mit
  einem Doppelknoten zusammen.

- Schneidet die Fadenenden zum Schluss ab.

 1 Versucht nach der Anleitung einen Knopf anzunähen.

✏ **1** Erkennst du diese Gegenstände?
Schreibe sie mit der Nummer auf ein Blatt.

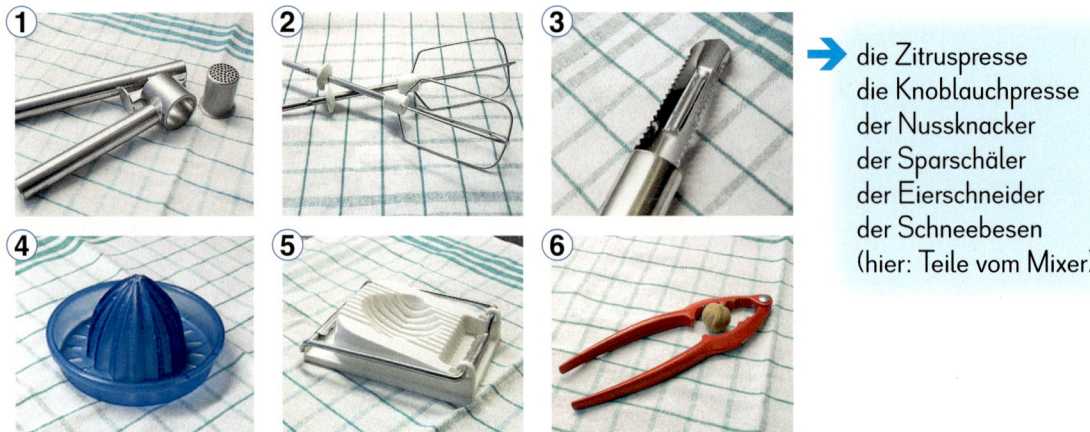

➡ die Zitruspresse
die Knoblauchpresse
der Nussknacker
der Sparschäler
der Eierschneider
der Schneebesen
(hier: Teile vom Mixer)

✏ **2** So sollte es nicht aussehen! Findet mindestens fünf Dinge
auf dem Bild, die nicht in Ordnung sind. Schreibt auch auf,
welche Gefahren sich daraus ergeben könnten.

3 Welcher Satz passt zum Bild?
Schreibe die Sätze in der richtigen Reihenfolge auf.

①  ②  ③

④  ⑤  ⑥

Ich stelle die Waschmaschine auf das richtige Programm ein.
Ich hänge die nasse Wäsche zum Trocknen auf.
Ich sortiere die Schmutzwäsche nach Farbe und Waschtemperatur.
Ich fülle die richtige Menge Waschmittel in das Waschmittelfach.
Ich falte die Wäsche sorgfältig und lege sie in den Schrank.
Ich bügele die Wäsche mit der richtigen Temperatur.

4 Setze die Satzteile richtig zusammen. Schreibe die Sätze auf.

Putzmittel müssen …	… dürfen nur Erwachsene vornehmen.
Reparaturen an Elektrogeräten …	… ich den Stecker gezogen habe.
Heißes Fett in der Pfanne lösche ich nie …	… außerhalb der Reichweite von Kleinkindern aufbewahrt werden.
Nach dem Kochen muss ich kontrollieren, ob …	… mit Wasser.
Nach dem Bügeln muss ich kontrollieren, ob …	… ich den Herd ausgestellt habe.

Menschen haben Bedürfnisse

💬 **1** Was brauchen Menschen?
Welche Bedürfnisse haben sie?

Menschen wollen …
Menschen brauchen …
Menschen wünschen sich …

💬 **2** Welche Bedürfnisse habt ihr?
Sprecht darüber in der Klasse.

Wir alle haben Bedürfnisse. Unsere Bedürfnisse sind aber sehr unterschiedlich.

> Nach der Arbeit brauche ich meine Ruhe. Ich möchte einfach liegen und meine Zeitung lesen.

> In unserem Wohnheim leben wir mit sechs Personen auf einem Zimmer. Küche und Bad teilen wir uns mit anderen Familien.
> Wir wünschen uns eine eigene Wohnung.

> Für mich ist Freundschaft am wichtigsten. Ich kann es mir gar nicht vorstellen, ohne meine Freundin etwas zu unternehmen.

> Ich muss das neueste Handy und neue coole Klamotten haben.
> Ohne diese Sachen bin ich einfach nicht mehr „in".

> Für mich ist …

3 Wer könnte das gesagt haben?
Überlegt, welche Aussagen für wen zutreffen könnten.
Schreibt Beispiele auf.

Vater: „Nach der Arbeit …"

4 Welche Bedürfnisse werden in den Sprechblasen angesprochen?

5 Und wie ist es bei dir?
Denke darüber nach, was du brauchst und was für dich wichtig ist.

a) Male die Sprechblase auf ein Blatt.
b) Fülle deine Sprechblase aus.

Ich brauche …   Ich möchte …   Für mich ist …

6 Arbeite mit einem Partner.
Tauscht euch über eure Ergebnisse aus.

Was brauchen wir wirklich?

**Stellt euch vor, ihr müsstet drei Wochen lang allein
auf einer unbewohnten Insel zurechtkommen.**

💬 **1** Was braucht ihr unbedingt, um auf der Insel
überleben zu können?

**Unsere Bedürfnisse können wir nach Dringlichkeit ordnen.
Wir unterscheiden dabei drei Stufen.
Diese Stufen können wir auch als eine Säule darstellen.**

💬 **2** Ordnet die Begriffe aus dem Beispiel den drei Stufen zu.

💬 **3** a) Zeichnet die Bedürfnissäule auf ein Blatt.
b) Tragt die Beispiele in die entsprechende Stufe ein.

➔ gesundes Frühstück, Trinkwasser, teures Auto, Taschengeld,
Monatskarte für Bus, eine Wohnung, die neueste Markenjeans,
Brot, gesunder Schlaf, meine Freunde, die trendigen Sportschuhe

Was brauchen wir wirklich?

Wir können unsere Bedürfnisse nach Wichtigkeit ordnen.

📖 Unsere Bedürfnisse

➜ Textknacker
Umschlagklappe
hinten

1 Jeder Mensch hat Bedürfnisse.
2 Besonders wichtig sind unsere Bedürfnisse nach Nahrung,
3 Wohnung, Kleidung, nach Ruhe und gesundem Schlaf,
4 nach Liebe und Zuwendung.
5 Diese gehören zu den Grundbedürfnissen eines Menschen.

6 Viele Menschen fahren mit dem Bus oder
7 mit dem Fahrrad zur Arbeit.
8 Sie haben ein Telefon, einen Fernseher und ein Radio.
9 In der Freizeit gehen sie ins Kino oder schwimmen.
10 Diese Dinge sind wichtig, um am Leben der Gesellschaft
11 teilhaben zu können. Sie gehören zu den wichtigen
12 Bedürfnissen.

13 Auf der dritten Stufe stehen die Luxusbedürfnisse.
14 Als Luxus bezeichnet man Dinge, die sich die Menschen
15 wünschen, aber nicht wichtig und nicht dringend nötig
16 für ihr Leben sind.
17 Das neueste und teuerste Handy ist ein Luxusbedürfnis,
18 denn ein älteres und preiswerteres Handy reicht aus,
19 um zu telefonieren und SMS zu schreiben.
20 Oft bezeichnet man Markenartikel als Luxus.

 4 Tragt die Beispiele aus dem Text in die Bedürfnissäule ein.

 5 Arbeite mit einem Partner.

    a) Findet noch weitere Beispiele für die Bedürfnissäule
       und tragt sie ein.
    b) Vergleicht eure Ergebnisse.

Was sind Luxusbedürfnisse?

Nino und Dustin

1 Nino bekommt nicht so viel Geschenke und Geld

2 wie andere Jugendliche. Er hat ein Handy, aber das ist alt.

3 Seine Kleidung ist keine Markenkleidung.

4 Fürs Kino hat er oft nicht genug Geld, also geht er

5 zu den DVD-Abenden im Jugendzentrum.

6 Mit seinen Freunden geht er regelmäßig zum Fußball-Training.

7 Ein neues Trikot hat er nicht. Eigentlich ist Nino ganz glücklich.

8 Aber ab und zu ist er auch neidisch auf Leute wie Dustin,

9 der so viele neue, teure und schicke Sachen hat.

1 Beschreibe die Situation von Nino und von Dustin.

2 Was denkt ihr: Ist Dustin glücklicher als die anderen Jugendlichen?

3 Was macht dich glücklich?

Was sind Luxusbedürfnisse?

Vielseitiges Multimedia-Handy

Entdecken Sie das neue Modell mit
- brillantem Touchscreen,
- vollständiger QWERTZ-Tastatur,
- integriertem GPS-Empfänger,
- 5-Megapixel-Kamera
- und weiteren neuen Funktionen.
- Internet und Unterhaltung
  im Breitbildformat.

Die neuesten **Spiele** und viel mehr
können Sie bei uns herunterladen.
Neben dem hochwertigen
Gerätehalter CR-116
ist ein **Zigarettenanzünder-Ladekabel**
DC-6 enthalten.

**Mit den neuesten Handys können wir viel mehr,
als nur telefonieren.**

 1 Welche Funktionen hat ein Handy?
Was muss ein Handy unbedingt können?

a) Legt eine Tabelle an.
b) Tragt die verschiedenen Funktionen ein.
c) Bewertet sie nach Wichtigkeit für euch.

 eine Tabelle zeichnen
S. 137

+++ muss das Handy unbedingt haben
++ sollte das Handy haben
+ muss es nicht unbedingt haben
Ø braucht das Handy gar nicht

Handy-Funktion	Bewertung

 2 Vergleicht eure Ergebnisse in der Klasse.
Wie habt ihr die verschiedenen Handy-Funktionen bewertet?

Aktion

Wir erstellen eine Collage

Die Schüler haben Collagen zu ihren Bedürfnissen erstellt.

 1 a) Was ist wichtig für die Jugendlichen?
b) Wie haben sie ihre Bilder geordnet?

 2 Gestaltet selbst eine Collage über eure Bedürfnisse.

> **So könnt ihr vorgehen:**
>
> • Schneidet aus Zeitschriften oder Prospekten Bilder aus, die zu euren Bedürfnissen passen. Sammelt auch weitere Materialien dazu.
>
> • Ordnet eure Materialien (Bilder, Texte, Sprechblasen) auf dem Plakat.
>
> • Klebt die Materialien auf.

 3 Stelle deine Collage in der Klasse vor.

a) Welche Dinge hast du ausgewählt?
b) Wie hast du deine Materialien geordnet? Warum?
c) Was ist für dich am wichtigsten?

Wir untersuchen unsere Collage

Die meisten Schüler haben für ihre Collagen Bilder aus Werbeanzeigen benutzt.

💬 **4** Schaut eure Collagen an.
– Habt ihr auch Werbung benutzt?
– Für welche Produkte wird geworben?

💬 **5** Wählt ein Produkt aus diesen Werbeanzeigen aus.
Überlegt gemeinsam:
– Warum möchtet ihr diesese Produkte haben?

📖 Werbung beeinflusst unsere Bedürfnisse

1 Werbung zeigt Dinge, die wir auch gern hätten.

2 Werbung spricht unsere Gefühle an.

3 Wenn wir die Werbung sehen, werden unsere Bedürfnisse

4 nach einem bestimmten Produkt geweckt.

5 Werbung gibt vor, welche Produkte „in" sind.

6 Die Menschen möchten dann genau dieses Produkt haben,

7 auch wenn sie es vielleicht gar nicht brauchen.

💬 **6** Vergleicht eure Collage mit der Bedürfnissäule von Seite 46.
Was stellt ihr fest?

Ich bin gut in Mathe und Deutsch.
Ich würde so gern …

Wir sind obdachlos und leben auf der Straße.
Wir würden gern …

Ich würde gern …

Mia und ich sind Freundinnen.
Wir würden gern …

Mario sitzt im Rollstuhl.
Frau Wagner und ihr Mann haben keine Wohnung.
Jennifer's Familie hat nicht viel Geld.
Ayse und Mia sind nicht eingeladen.

💬 **1** Beschreibt die Bilder.

👄 **2** Beendet die Sätze unter den Bildern.

👥 **3** Arbeite mit einem Partner. Überlegt gemeinsam:
Welche Bedürfnisse könnten erfüllt werden?
Welche nicht? Begründet eure Antwort.

✎ **1** Was läuft hier alles falsch?
Schreibt auf, was die Hausbewohner denken und fühlen.

Wenn der Nachbar auf dem Balkon grillt, dann …
Ich brauche / möchte / habe das Bedürfnis …

✎ **2** Was sollten die Hausbewohner tun,
damit niemand sich gestört fühlt?

✎ **3** a) Schreibe deine fünf wichtigsten Bedürfnisse auf.
b) Bringe sie dann mit Zahlen von 1–5 in eine Reihenfolge
nach ihrer Wichtigkeit.

Wir gehen einkaufen

1 Beschreibt das Bild. Was hat die Familie eingekauft?

**Wir kaufen fast täglich ein. Es gibt viele Waren.
Wir kaufen verschiedene Produkte wie
Nahrungsmittel, Kleidung, Reinigungsmittel und
vieles andere. Aber wir müssen auswählen.
Nicht alles können oder wollen wir kaufen.
Oft hängt es davon ab, was wir uns leisten können.**

2 Wie oft kauft ihr ein? Gibt es Unterschiede zwischen
einem Großeinkauf und kleineren Einkäufen?

3 Geht ihr zusammen mit der Familie einkaufen?
Oder habt ihr schon mal allein eingekauft?

Es gibt verschiedene Orte, an denen wir einkaufen können.

1 Der **Supermarkt** ist ein großer Laden mit vielen
2 verschiedenen Waren. Es gibt kleinere Supermärkte,
3 die ihr zu Fuß erreichen könnt. Diese sind meist etwas
4 teurer und ihr Angebot ist nicht so umfangreich. Es gibt
5 aber auch größere Supermärkte, die man oft nur mit
6 dem Auto erreicht. Hier ist das Warenangebot größer.

7 **Drogeriemärkte** sind Geschäfte, in denen man vor allem
8 Waren für die Körperpflege und Putzmittel kaufen kann.
9 Auch manche Waren aus dem Supermarkt gibt es hier,
10 aber keine frischen Lebensmittel.

11 **Wochenmärkte** sind keine Geschäfte. Meistens kommen
12 die Händler einmal in der Woche auf einem großen
13 Marktplatz zusammen. Es gibt einzelne Stände, an denen
14 sie ihre Waren direkt verkaufen. Man kann dort frische
15 Nahrungsmittel kaufen wie Obst oder Gemüse.
16 Das Angebot kommt meist aus der Region.

 4 Wo geht ihr einkaufen?

 5 Fallen euch noch weitere Möglichkeiten ein,
wo man einkaufen kann?

➡ in der Bäckerei,
an der Tankstelle,
(...)

 6 Welche Vorteile und Nachteile haben die verschiedenen
Einkaufsorten? Sammelt an der Tafel.

	Vorteile	Nachteile
Wochenmarkt	frisches Angebot aus der Region	nur 1x die Woche; zu teuer
Supermarkt (...)		

Was ist ein Markt?

Es gibt verschiedene Märkte.

 1 Welche Märkte kennst du? Was kann man dort kaufen?

📖 Verschiedene Märkte

1 Zu den meisten Märkten kannst du hingehen und dort
2 bestimmte Dinge kaufen. So zum Beispiel: im Supermarkt,
3 im Baumarkt, auf dem Wochenmarkt oder auf dem Trödelmarkt.
4 Es gibt aber auch Märkte, auf denen du den Anbieter
5 nicht direkt treffen kannst. Den Begriff Markt benutzen
6 wir auch z. B. für den Wohnungsmarkt und für
7 Einkaufsmöglichkeiten im Internet.

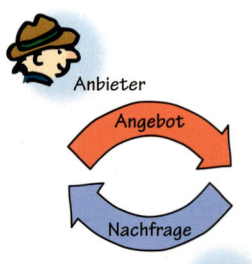

📖 So funktioniert ein Markt

1 Alle Märkte funktionieren nach Angebot und Nachfrage.
2 Beim Angebot bietet jemand eine Ware oder
3 eine Dienstleistung an. Das geht aber nur,
4 wenn jemand diese Ware kaufen oder
5 die Dienstleistung in Anspruch nehmen möchte.
6 Das ist die Nachfrage.

 2 Nennt noch weitere Beispiele für Angebot und Nachfrage.

 3 Überlegt gemeinsam: Was passiert, wenn es keine Nachfrage
für bestimmte Waren oder Dienstleistungen gibt?

Was ist ein Markt?

Gleiche Waren und Dienstleistungen haben oft unterschiedliche Preise.

📖 So entstehen Preise

→ Textknacker
Umschlagklappe
hinten

1 Die unterschiedlichen Preise entstehen durch den
2 Wettbewerb zwischen den Anbietern.
3 Wer am meisten verkaufen möchte, muss
4 – bessere Produkte haben als die anderen oder
5 – die Produkte preiswerter anbieten als die anderen.

6 Der Wettbewerb soll dafür sorgen, dass der Markt
7 gute Qualität zu angemessenen Preisen liefert.
8 Das ist aber nicht immer der Fall, denn die Händler
9 wollen möglichst viel Geld für ihre Waren bekommen.

10 Die Verbraucher müssen den Preis und die Qualität von
11 Waren und Dienstleistungen immer vergleichen.
12 Nur so können sie herausfinden, ob das Angebot
13 für sie angemessen ist oder nicht.

👄 **4** Erklärt den Zusammenhang zwischen Angebot und Nachfrage.

👥 **5** Arbeite mit einem Partner. Überlegt gemeinsam:
– Warum können Waren nicht zu überhöhten Preisen
   verkauft werden?
– Was kann passieren, wenn Waren zu billig angeboten werden?

Wir erkunden einen Supermarkt

Supermärkte sind nicht zufällig eingerichtet, sondern nach genauen Plänen aufgebaut. Achtet darauf, wenn ihr einkaufen geht.

① Eingangsbereich

1 Hier gibt es eine Bremszone
2 (z. B. eine Schwenktür), damit
3 schnelle Schritte abgebremst
4 werden. Die Kunden sollen
5 langsam gehen und schon
6 beim Betreten des Ladens auf
7 Waren aufmerksam werden.

② Obst und Gemüse im Eingangsbereich

1 Das frische Obst und Gemüse
2 soll für gute Stimmung sorgen
3 und zum Kauf verführen.

③ In den Gängen

1 Die Gänge sind ca. 2 Meter breit.
2 Die Laufgeschwindigkeit kann so nicht
3 sehr hoch werden. Manchmal stehen
4 Waren auch als „Stopper" ④ im Gang.
5 So ist sicher, dass die Waren
6 wahrgenommen werden.

⑤ Die „Quengelzone":

1 Da man an der Kasse oft warten muss,
2 hoffen die Händler darauf, dass man
3 noch einmal nach den Waren greift.
4 Viele Kinder fangen hier an zu quengeln
5 und bekommen dann manchmal noch
6 etwas Süßes.

Wir erkunden einen Supermarkt

Die Regale sind in vier Zonen eingeteilt:

Reckzone (bis 1,80 Meter)

Sichtzone (1,40-1,80 Meter)

Greifzone (0,60-1,40 Meter)

Bückzone (bis 0,60 Meter)

1 In der Sichtzone und Greifzone stehen die Artikel,
2 die am teuersten sind. Man sieht sie hier am besten und
3 greift so am schnellsten zu. Die Artikel in der Bückzone
4 und Reckzone sind am billigsten, werden jedoch weniger
5 verkauft, da sie nicht direkt ins Auge fallen.

1 Seht euch das Bild auf der linken Seite oben noch einmal an.

   a) Wie ist der Supermarkt aufgebaut?
   b) Welche „Einkaufsfallen" könnt ihr entdecken?

2 Wie sind die Regale in einem Supermarkt aufgebaut?
Wo findet man die preisgünstigen Angebote?

3 Besucht gemeinsam einen Supermarkt in eurer Nähe.

   a) Macht euch Notizen über die „Einkaufsfallen".
   b) Ihr könnt auch Skizzen über den Aufbau des
      Supermarktes anfertigen.

Preiserkundung im Supermarkt

Die Klasse 7b plant einen Verkaufsstand für das nächste Schulfest.
Sie wollen auf dem Schulfest Waffeln backen und verkaufen.
Für ihre Planung müssen sie noch viele Informationen einholen.

> Wir müssen einfach in den nächsten Supermarkt gehen und einkaufen!

> Nein, wir sollten erst mal einen Einkaufszettel schreiben. Was brauchen wir überhaupt für die Waffeln?

> Vielleicht sollen wir erst mal gucken gehen, was die Zutaten überhaupt kosten.

Die Schüler haben zuerst überlegt, welche Zutaten sie für
die Waffeln brauchen. Dann gingen sie in den Supermarkt und
erkundigten sich über die verschiedenen Produkte und Preise.

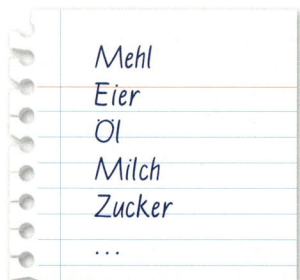

Mehl
Eier
Öl
Milch
Zucker
...

1. Die Vorbereitung

1 Die Schüler schreiben einen Einkaufszettel.
2 So können sie die Waren im Supermarkt gezielt
3 suchen. Sie überlegen, wo sie die Zutaten
4 einkaufen möchten. Lebensmittel werden
5 in verschiedenen Geschäften angeboten.

2. Die Durchführung

1 Die Schüler bilden Kleingruppen.
2 Sie wählen für jede Gruppe ein Produkt aus
3 (z. B. Milch, Eier, Mehl). Sie gehen
4 in die Geschäfte und informieren sich.
5 Sie vergleichen die Preise.

 1 Was haben die Schüler gemacht? Erzählt die Schritte nach.

Für die Preiserkundung haben die Schüler eine Tabelle erstellt.

→ eine Tabelle zeichnen S. 137

Preiserkundung für					
Geschäft/ Name	Produkt- name	Gewicht/ Volumen	MHD überschritten Ja/Nein	Grundpreis pro 100g / pro 1 Liter	Sonderpreis Ja/Nein
Händler A					
Händler B					
Händler C					

Worauf müssen die Schüler achten?

1 Bei Waren, die verderben können, ist es wichtig,

2 das Mindesthaltbarkeitsdatum (MHD) zu beachten.

3 Manche Geschäfte senken den Preis für Waren,

4 deren MHD bald abläuft.

5 Bei den Preisen sollen sie auf den Grundpreis achten.

6 Manche Produkte werden als Sonderangebot

7 gekennzeichnet, sind aber mit wenigerem Inhalt befüllt.

8 Nicht alle „Sonderangebote" sind wirklich günstiger!

Die Schüler haben ihre Erkundungsbögen ausgefüllt. Nun sind sie wieder im Klassenraum und werten die Ergebnisse aus.

3. Die Auswertung

Die Schüler sprechen über ihre Erfahrungen im Supermarkt. Anschließend wählen sie die Produkte aus, die sie für das Waffelbacken kaufen wollen. Zum Schluss wollen sie noch einen Arbeitsplan aufstellen.

 2 Ihr könnt auch eine Preiserkundung durchführen. Geht so vor wie die Klasse 7 b in dem Beispiel.

→ eine Preiserkundung planen und durchführen S. 136

Was muss auf der Verpackung stehen?

Beim Lebensmittelkauf achten wir nicht nur auf den Preis. Welche Informationen stehen noch auf der Verpackung?

Kennzeichnung von Lebensmitteln

Beispiel: Milch

Auf der Milchtüte müssen folgende Angaben enthalten sein:
- Bezeichnung: „Milch"
- Milchsorte, z. B. „Vollmilch"
- Fettgehalt, z. B. „3,8 % Fett"
- Haltbarkeitsdatum
- Wärmebehandlung, z. B. „pasteurisiert"
- Name des Herstellers
- Angabe, wo die Milch herkommt:
  – z. B. D – NW → D steht für Deutschland, NW für Nordrhein-Westfalen
- Füllmenge, z. B. „1 Liter"

Beispiel: Eier

Auch auf Eierkartons findet ihr verschiedene Informationen:
- Es gibt vier verschiedene Gewichtsklassen:
  – XL: sehr groß (73 g und mehr)
  – L: groß (63 – 72 g)
  – M: mittel (53 – 62 g)
  – S: klein (unter 53 g)

- Der Stempel ist ein Code:
  Die erste Ziffer benennt die Tierhaltung:
  – 0 = Eier aus ökologischer Haltung
  – 1 = Eier aus Freilandhaltung
  – 2 = Eier aus Bodenhaltung
  – 3 = Eier aus Käfighaltung

Es folgen dann weitere Angaben über die Herkunft der Eier.

 1 Warum ist es wichtig, auf die Kennzeichnung von Lebensmitteln zu achten?

Bio, Öko oder fair gehandelt?

Lebensmittel und auch andere Produkte werden unterschiedlich hergestellt. Sie haben verschiedene Herkunft.

Produkte mit einem Bio-Siegel

1. Lebensmittel aus dem Ökolandbau haben
2. ein Öko- oder Biosiegel auf der Packung.
3. Beim ökologischen Landbau wachsen
4. Tiere und Pflanzen natürlich.
5. Die Pflanzen werden nicht mit chemischen
6. Pflanzenschutzmitteln behandelt.
7. Die Tiere haben genügend Platz und
8. bekommen keine Medikamente.
9. Bio-Produkte sind oft teurer als konventionelle Produkte.
10. Es gibt aber immer mehr Bio-Produkte auch bei den Discountern.

Produkte mit dem Fairtrade-Siegel

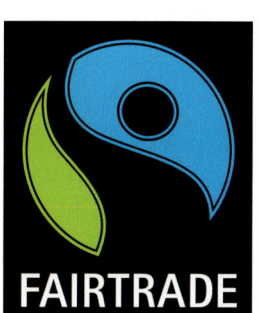

1. Das TransFair- Siegel garantiert einen fairen Handel
2. mit den Entwicklungsländern.
3. Oft werden die Produkte auch ökologisch erzeugt.
4. Bei Produkten mit diesem Siegel kannst du sicher sein,
5. dass sie ohne Kinderarbeit hergestellt wurden.
6. Die Menschen, die diese Produkte hergestellt haben,
7. bekommen höhere Löhne als üblich.
8. Von den Einnahmen werden auch Schulen und
9. Krankenhäuser für die Menschen dort bezahlt.
10. Deswegen sind diese Produkte auch immer etwas
11. teurer als vergleichbare andere Produkte.

 2 Warum ist es sinnvoll, Bio-Produkte zu kaufen?

 3 Suche fair gehandelte Produkte im Supermarkt. Warum sind sie teurer als andere Produkte?

Um mehr Geld in eure Klassenkasse zu bekommen, könnt ihr verschiedene Aktionen durchführen. Hier seht ihr, wie ihr Waffeln verkaufen und damit Geld verdienen könnt.

So könnt ihr vorgehen:

1. Überlegt euch, wie viele Waffeln ihr backen wollt. Wie viele Schüler und Lehrer sind an eurer Schule? Geht davon aus, dass ungefähr die Hälfte der Personen Waffeln kaufen wird.

2. Überlegt, **wann**, **wie** und **wo** ihr die Waffeln **zubereiten** und **verkaufen** wollt.

3. Macht eine Einkaufsliste. Berechnet, wie viel ihr von jeder Zutat kaufen müsst.

➡ Grundrezept für Waffeln S. 140

4. Rechnet aus, was der Einkauf kosten wird. Klärt vorher, wer euch das nötige Geld vorstreckt. Achtet darauf, dass ihr möglichst günstig einkauft. Entscheidet auch, ob ihr ökologisch oder fair gehandelte Produkte kaufen wollt.

5. Wie wollt ihr auf eure Aktion aufmerksam machen? Erstellt Plakate oder Handzettel. Schreibt den Preis für die Waffeln dazu, damit eure Mitschüler Geld mitbringen. Prüft, ob das Geld gereicht hat.

Am Ende der Aktion müsst ihr von der Einnahme abziehen, was ihr zu Beginn des Projektes investiert habt. So kommt ihr auf die Summe, mit der ihr eure Klassenkasse aufbessern könnt.

Findet euch nun in Teams zusammen.
Jedes Team übernimmt einen Teil des Projektes.

1 **Team 1:** Dieses Team ist für die **Planung**
2 und **Organisation** des Verkaufs zuständig.
3 Kümmert euch darum, dass ihr einen Termin
4 und einen Ort festlegt, an dem ihr eure Waffeln
5 verkaufen könnt. Dazu besprecht ihr euch am besten
6 mit eurem Lehrer oder dem Hausmeister der Schule.
7 Vielleicht findet demnächst ein Hoffest statt?

1 **Team 2:** Dieses Team macht **Werbung** für eure Waffeln.
2 Malt ein Werbeplakat für euren Stand. Ihr könnt
3 auch Werbezettel auf dem Schulhof verteilen,
4 oder sie im Schulgebäude aushängen.
5 Schreibt darauf, warum eure Waffeln gekauft
6 werden sollten. Was macht sie besonders lecker?

1 **Team 3:** Dieses Team kümmert sich um den **Einkauf**.
2 Ihr überlegt euch, wo ihr einkaufen geht und
3 welche Produkte ihr verwenden möchtet.
4 Besprecht auch, wer das Geld in eurer Gruppe verwaltet.
5 Behaltet nach eurem Einkauf den Kassenzettel.
6 So könnt ihr genau prüfen, wie viel ihr bezahlt habt.

1 **Team 4:** Dieses Team kümmert sich an eurem
2 Waffelstand um die **Herstellung** und den **Verkauf**.
3 Bereitet die Waffeln nach einem Rezept zu.
4 Achtet beim Verkauf darauf, dass ihr richtig
5 das Wechselgeld herausgebt.
6 Am Ende des Tages könnt ihr ausrechnen,
7 wie viel Geld ihr eingenommen habt.

 1 Organisiert einen Verkaufsstand.
Der Ablaufplan auf Seite 64 kann euch dabei helfen.

1 Setze die Sätze sinnvoll zusammen.
Schreibe die vollständigen Sätze auf ein Blatt.

Drogeriemärkte haben den Vorteil, dass …	… es dort Waren gibt, die in anderen Läden nicht erhältlich sind.
Wochenmärkte haben den Vorteil, dass …	… sie meistens in deiner Nähe sind.
Supermärkte haben den Vorteil, dass …	… du dort alles Obst und Gemüse ganz frisch kaufen kannst.

 2 Was bedeuten diese Siegel?
Schreibe zu jedem Siegel zwei Sätze.

 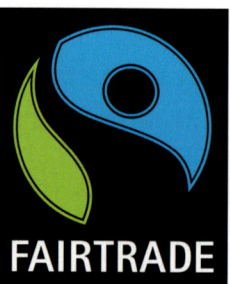

Gemüse und Obst werden nicht mit Pflanzenschutzmittel behandelt

keine Kinderarbeit

fair gehandeltes Produkt

Tiere dürfen natürlich aufwachsen (keine Medikamente, genügend Platz zum Leben)

3 Hier geht es um den Supermarkt.
Welche „Einkaufsfallen" kannst du entdecken?
Schreibe zu jedem Bild einen Satz.

In dem Eingangsbereich …
In den Gängen …
In dem Kassenbereich …

4 Kennzeichnung von Lebensmitteln.

a) Welche Angaben fehlen auf diesen Verpackungen?

b) Würdest du diese Produkte kaufen oder nicht?
Begründe deine Entscheidung.

Umweltbewusst einkaufen – Warum?

Ich kaufe gerne auf dem Wochenmarkt ein. Das Obst und das Gemüse sind frisch geerntet und haben noch viele Vitamine. Das ist gut für mich und meine Familie.

Die Waren kommen hier aus der Region. Was ich hier kaufe, muss nicht lange transportiert werden. Dazu werden nicht viel Benzin oder andere Kraftstoffe verbraucht. Weniger Abgase – das tut unserer Umwelt gut.

Den Marktstand von Familie Meier kenne ich schon lange. Ich weiß, dass ihre Produkte die beste Qualität haben. Einkaufen ist immer auch Vertrauenssache!

Wenn wir hier viele Kunden haben und gut verkaufen, können wir auch mehr Mitarbeiter auf unserem Bauernhof beschäftigen. In unserem Dorf ist es sonst schwer, einen guten Arbeitsplatz zu finden.

Gut für mich – gut für die Umwelt

 1 Was erzählen uns die Personen?
Aus welchen Gründen kaufen sie auf dem Wochenmarkt ein?

 2 Was tut den Menschen gut? Was tut der Umwelt gut?
a) Schreibe Stichworte auf.
b) Ordne die Meinungen von Seite 68 den folgenden
  Überschriften zu.

Gesunde Ernährung   Weniger Umweltbelastung

Sichere Arbeitsplätze in der Region   Vertrauen

**Produkte aus der Region kannst du auf dem Wochenmarkt
oder auch in anderen Geschäften finden. Oft bietet auch
der Supermarkt Lebensmittel aus der Region an.**

Der ÖKO- Check

Bei Lebensmitteln:

- Ist die Ware aus der Region?

- Wie ist die Ware verpackt?

- Wurde das Obst/Gemüse mit chemischen Mitteln behandelt?

- Wie lange ist die Ware haltbar?

Bei Reinigungsmitteln:

- Sind die Inhaltsstoffe biologisch abbaubar?

- Sind die Inhaltsstoffe nicht schädlich für die Gesundheit?

 3 Besucht gemeinsam ein Lebensmittelgeschäft in eurer Nähe.

a) Erkundigt euch nach Angeboten aus der Region.
b) Macht euch Notizen dazu.
c) Stellt eure Ergebnisse in der Klasse vor.

Gut für mich – gut für die Umwelt

Wer umweltbewusst einkaufen will, muss auch wissen, wann die verschiedenen Obst- und Gemüsesorten reif sind. Dafür gibt es den Erntekalender.

📖 Erntekalender

Erntemonat	Jan.	Febr.	März	April	Mai	Juni	Juli	Aug.	Sept.	Okt.	Nov.	Dez.
Erdbeeren					🍓	🍓	🍓					
Himbeeren						●	●	●	●			
Kirschen						🍒	🍒					
Pflaumen							●	●	●			
Blaubeeren						●	●	●	●			
Birnen								🍐	🍐	🍐		
Äpfel								🍎	🍎	🍎	🍎	
Weintrauben									●	●	●	

	Jan.	Febr.	März	April	Mai	Juni	Juli	Aug.	Sept.	Okt.	Nov.	Dez.
grüne Erbsen						●	●	●				
grüne Bohnen							●	●	●			
Grünkohl	●										●	●
Rosenkohl										●	●	●
Radieschen					●	●	●	●				
Möhren						●	●	●				
Kartoffeln								●	●	●		
Spargel					●	●						
Blumenkohl								●	●	●		
Kürbis									●	●		

✏️ **1** Wann sind Äpfeln, Birnen, Erdbeeren und Kirschen in Deutschland reif? Suche im Erntekalender und schreibe auf.

👄 **2** Welche Gemüsesorten isst du gern? Finde heraus, wann sie reif sind.

Gut für mich – gesunde Rezeptideen

Hier findet ihr zwei Ideen für leckere Snacks aus frischem Obst und Gemüse. Ihr könnt die Snacks aus verschiedenen Obst- und Gemüsesorten anfertigen – je nach Saison.

Käse-Früchte-Spieße

Zutaten:
400 g fester Käse
(Emmentaler oder Gouda)
200 g grüne Weintrauben
200 g blaue Weintrauben
(oder andere Früchte, je nach Saison)
Holzspieße

- Käse in Würfel schneiden
- Früchte waschen, Weintrauben vom Stängel abzupfen
- Käsewürfel und Weintrauben im Wechsel aufspießen
- Einen Teller mit Salatblättern auslegen, Spieße drauflegen

Gemüsesticks mit Kräuterquark

Zutaten:
500 g Speisequark
1 Tasse Milch
1 Bund Schnittlauch
1 Bund Frühlingszwiebeln
etwas Salz, Pfeffer
2–3 Möhren, 1 Gurke, 1 rote Paprika (oder anderes Gemüse)

- Gemüse waschen, Möhren schälen
- Gemüse in Stäbchen schneiden
- Kräuter und Zwiebeln klein schneiden
- Zutaten für den Kräuterquark in einer Schüssel gut verrühren
- Kräuterquark in eine kleine Schüssel geben
- mit Gemüsesticks schön anrichten

 3 Probiert die Ideen für gesunde und leckere Snacks aus.

Ohne Geld läuft nichts

 1 Erklärt, was auf den Bildern zu sehen ist.

📖 Jugendliche und Geld

1 Kinder und Jugendliche haben schon früh mit Geld zu tun.
2 Viele bekommen Taschengeld von ihren Eltern
3 oder Großeltern. Manche verdienen sich schon
4 etwas dazu durch kleine Schülerjobs.
5 Einige geben ihr Geld immer sofort aus,
6 andere sparen für eine größere Anschaffung.
7 Vielleicht haben einige von euch schon
8 ein Sparkonto oder ein Girokonto.

 2 Wie geht ihr mit eurem Geld um?

Es gibt viele Sprichwörter und Redewendungen über das Geld.

Geld regiert die Welt.

Geld ist ein guter Diener,
aber ein schlechter Herr.

jemandem das Geld
aus der Tasche ziehen

Zeit ist Geld.

Geld fällt nicht vom Himmel.

 3 Was bedeuten diese Redewendungen?

 4 a) Welche weiteren Sprüche und Redewendungen zum
Geld habt ihr schon mal gehört?
b) Kennt ihr solche Sprichwörter auch aus anderen
Sprachen?

5 Arbeite mit einem Partner. Seht euch diese Bilderrätsel an.
Welches Sprichwort ist gemeint?

**Geld ist wichtig und aus unserem Alltag nicht mehr wegzudenken.
Aber war das immer so? Haben die Menschen früher auch
mit Geld gezahlt? Wie und wann entstand das Geld?
Was kann man mit Geld überhaupt alles machen?
Das erfährst du in dem nächsten Kapitel.**

Die Geschichte des Geldes

Für uns ist es heute normal, dass wir mit Geld bezahlen.
Aber vor langer Zeit war das anders.
Geld ist erst im Laufe der Zeit entstanden.

 1 Findet heraus: Wie ist das Geld entstanden?
Wende die Schritte **1** und **4** vom Textknacker an.

→ Textknacker
Umschlagklappe
hinten

Vom Warentausch zum heutigen Geld

Ware gegen Ware

1 Vor langer Zeit haben die Menschen ihre Waren getauscht.
2 Ein Mann war vielleicht Jäger von Beruf.
3 Er hat viele Tiere erlegt, mehr als er verbrauchen konnte.
4 Ein anderer Mann war Werkzeughersteller.
5 Er hat Messer und Beile hergestellt. Der Jäger und
6 der Werkzeughersteller haben ihre Waren getauscht.

Ware gegen Gold- und Silbermünzen

1 Später haben sich Goldmünzen und Silbermünzen
2 als Tauschmittel für alles durchgesetzt.
3 Im Mittelalter gab es in den Städten regelmäßig Markt.
4 Auf dem Markt konnte man jede Ware mit Gold- und
5 Silbermünzen kaufen: Tontöpfe, Werkzeuge,
6 Kleidung, Getreide, lebende Tiere …

Ware gegen Geld

1 Es war umständlich, das schwere Münzgeld immer
2 mitzunehmen. Die Kaufleute kamen auf die Idee,
3 für die Münzen „Gutscheine" auszustellen.
4 Diese Gutscheine konnte man vor Ort wieder
5 in Münzen umtauschen. Im 19. Jahrhundert wurde
6 die Banknote auch in Deutschland als Zahlungsmittel
7 eingeführt. Heute bezahlen wir Waren
8 mit Geldscheinen und Münzen.

Die Geschichte des Geldes

 2 Was habt ihr über die Entstehung des Geldes erfahren?

 3 Erzählt über die drei Stationen des Handels:
Ware gegen Ware, Ware gegen Goldmünzen,
Ware gegen Geld.

 4 Sammelt Beispiele an der Tafel.

Ware gegen Ware	Ware gegen Gold	Ware gegen Geld
Ein Ackerbauer tauscht 1 Sack Getreide gegen ein Kalb.	Ein Händler verkauft 5 Tontöpfe für eine Goldmünze.	Anja bezahlt in der Bäckerei die Brötchen mit Euro-Münzen.

 5 a) Nennt Nachteile, wenn man Ware gegen Ware
tauschen muss.
b) Nennt Vorteile, wenn man mit Geld bezahlen kann.

 6 Was gehört zusammen? Bilde Sätze aus den Wortgruppen.
Schreibe die Sätze auf.

Vor langer Zeit gab es …	… regelmäßig Märkte.
Die Menschen haben …	… alle Waren kaufen.
Im Mittelalter gab es schon …	… mit Geldscheinen und Münzen.
Man konnte mit Goldmünzen …	… der Euro.
Heute bezahlen wir …	… noch kein Geld.
Unser Geld in Europa ist …	… ihre Waren einfach getauscht.

 7 Wollt ihr noch mehr über die Geschichte des Geldes
erfahren? Informiert euch im Internet.

was-ist-was.de;
planet-wissen.de

Was können wir mit Geld machen?

Wenn wir an Geld denken, haben wir oft Ideen, was wir
uns alles kaufen möchten. Aber Geld ist nicht nur dazu da,
um etwas zu kaufen.

📖 Die Funktionen des Geldes

Mit Geld können wir bezahlen

1 Wenn wir in einem Geschäft eine Ware kaufen,
2 bezahlen wir mit Geld.
3 Auch für Dienstleistungen, zum Beispiel
4 beim Frisör, bezahlen wir.
5 Für unsere Arbeit bezahlt der Chef ein Gehalt.
6 Geld ist ein Zahlungsmittel.

Mit Geld können wir Werte vergleichen

1 Preise sagen uns, welche Waren wie viel kosten.
2 Wir können die Preise vergleichen und entscheiden,
3 was wir für unser Geld kaufen können.
4 Was ist für mich teuer? Was ist günstig?
5 Wenn wir zum Beispiel 20 Euro haben, können
6 wir überlegen, wofür wir es ausgeben wollen.
7 Ich kann mit Geld vergleichen.
8 Geld ist ein Wertmaßstab.

Mit Geld können wir sparen

1 Viele Menschen geben ihr Geld nicht sofort aus.
2 Sie sparen es. So können sie sich später etwas
3 Teureres leisten. Oder sie möchten für die Zukunft
4 ihr Geld anlegen. Die Geldinstitute
5 (Bank oder Sparkasse) bieten uns viele
6 Möglichkeiten, um unser Geld anzulegen.
7 Geld ist also auch ein Wertaufbewahrungsmittel.

Was können wir mit Geld machen?

 1 Was können wir alles mit Geld machen?
Nennt die verschiedenen Funktionen des Geldes.

 2 Welche Funktion des Geldes ist hier gemeint?
Schreibt die passenden Begriffe auf.

→ mit Geld bezahlen
(Zahlungsmittel)

mit Geld vergleichen
(Wertmaßstab)

mit Geld sparen
(Wertaufbewahrungs-
mittel)

Beispiel a): Geld ist ein Zahlungsmittel.

a) Sonja ist Auszubildende in einer Gärtnerei.
Ihre Ausbildungsvergütung bekommt sie auf
ihr Girokonto.

b) Ben möchte sich eine neue Jeanshose kaufen.
Er überlegt, ob er sich zwei einfache Hosen
oder eine teure Markenjeans kaufen soll.

c) Alina möchte in den Ferien verreisen.
Für den Urlaub spart sie jeden Monat 10,00 Euro.

d) Enrico geht einkaufen und bezahlt die Waren
an der Kasse.

e) Lea geht zum Frisör. Der neue Haarschnitt sieht
toll aus! Sie bezahlt bei der Frisörin und gibt ihr
2,00 Euro Trinkgeld.

f) Martin will sein Taschengeld nicht ausgeben.
Er legt sein Geld auf einem Sparkonto an.
Später will er sich einen Computer kaufen.

3 Arbeite mit einem Partner.

a) Schreibt zu jeder Funktion 2 weitere Beispiele auf.
b) Tauscht euch über eure Ergebnisse aus.

So gehe ich mit meinem Geld um

Kai hat sein Taschengeld bekommen. Zum Geburtstag gab es noch
ein Geldgeschenk von Oma. Außerdem verdient er 10 Euro im Monat dazu.
Er möchte sein Geld nicht sofort ausgeben.

Kai spricht mit seinen Freunden darüber.
Was sagen Michael und Martin dazu?

Michael   Kai   Martin

1 Lest das Gespräch mit verteilten Rollen vor.

①
1 Michael: „Also, wenn ich Geld habe,
2 dann gebe ich es auch sofort aus.
3 Es gibt so viel, was ich mir kaufen
4 möchte: PC-Spiele, Panini-Karten für
5 Fußball, Chips …
6 Wozu ist Geld denn da?"

②
1 Martin: „Ich nicht! Ich spare mein
2 Geld. Wenn ich mir etwas kaufen
3 will, was mehr kostet, darf ich nicht
4 sofort mein ganzes Geld ausgeben.
5 Seit einem halben Jahr spare ich
6 schon auf einen neuen PC."

③
1 Kai: „Ja, Martin, da hast du recht.
2 Mir fällt das aber schwer.
3 Wie viel Geld hast du schon gespart?
4 Und wie viel kostet der PC?"

④
1 Martin:
2 „140 Euro habe ich schon gespart.
3 Der PC kostet aber 499 Euro."

⑤
1 Michael: „Das kann ja noch dauern.
2 So viel Geduld hätte ich nicht.
3 Und wo bewahrst du dein Geld
4 auf?"

⑥
1 Martin: „Auf meinem Sparkonto!
2 Ich will es ja sowieso nicht
3 ausgeben. Und da bekomme ich
4 sogar noch Zinsen dazu."

⑦
1 Kai: „Zinsen? Das Wort habe ich
2 schon mal gehört. Was ist das
3 eigentlich?"

⑧
1 Martin: „Zinsen bekommst du,
2 wenn du dein Geld
3 auf einem Sparkonto anlegst.
4 Wenn ich auf meinem Sparkonto
5 100 Euro anlege und ein Jahr warte,
6 dann bekomme ich 2,20 Euro dazu."

⑨
1 Michael: „Das ist aber nicht gerade
2 viel, oder?"

⑩
1 Martin: „Stimmt! Aber ich spare ja
2 sowieso für meinen PC. Und so
3 bekomme ich ein bisschen dazu."

So gehe ich mit meinem Geld um

Kai denkt über das Gespräch nach.
Wo ist sein Geld am besten aufbewahrt?

2 Was denkt ihr, wo sollte Kai sein Geld aufbewahren?
Begründet eure Meinung.

3 Welche Vorteile und welche Nachteile haben diese
Möglichkeiten?

Wenn Kai sein ganzes Geld in der Geldbörse hat, dann …
Wenn Kai sein ganzes Geld auf dem Sparbuch hat, dann …

4 Was passiert mit dem Geld auf dem Sparkonto
nach einem Jahr?

Wenn ich mein Geld anlege …

 nach einem Jahr

5 Informiert euch bei verschiedenen Geldinstituten:
  – Welche Möglichkeiten gibt es für Jugendliche,
    Geld anzulegen?
  – Was ist ein Sparkonto? Was ist ein Sparbuch?

Einnahmen und Ausgaben notieren

Joana ist 14 Jahre alt. Sie erzählt uns, wie viel Geld sie im Monat hat und wie sie damit umgeht.

 1 Wie geht Joana mit ihrem Geld um?

→ Textknacker
Umschlagklappe
hinten

> Hallo, ich bin Joana.
> Ich bin 14 Jahre alt.
> Mein Geld reicht nie aus!

1 Von meinen Eltern bekomme ich 15 Euro Taschengeld.
2 Einige in meiner Klasse bekommen mehr, andere weniger.
3 Na ja, außerdem bezahlen meine Eltern
4 mir jeden Monat die Handykarte für 10 Euro.
5 Die verbrauche ich aber auch für Anrufe und SMS.

6 Zum Glück bekomme ich noch fast jeden Monat
7 von meinem Opa 5 Euro.
8 Aber es gibt so viel, wofür ich Geld ausgebe!
9 Die Mädchenzeitschrift kostet jeweils 2,50 Euro.
10 Ich kaufe sie zweimal im Monat. Nach dem Sport
11 kaufe ich mir immer ein Fitness-Getränk.
12 Also, das macht 4 mal 1,50 Euro jeden Monat.

13 Und dann macht es mir einfach Spaß,
14 mit meinen Freundinnen etwas Süßes zu kaufen.
15 Mal gehen wir Eis essen oder wir setzen uns
16 irgendwo hin und erzählen uns etwas.
17 Darauf will ich nicht verzichten. Dafür habe ich
18 im letzten Monat insgesamt 9 Euro ausgegeben.

19 Einen kleinen Job habe ich auch.
20 Einmal im Monat passe ich jeweils 3 Stunden
21 auf die beiden kleinen Kinder in der Nachbarschaft auf.
22 Pro Stunde bekomme ich 5 Euro.

Einnahmen und Ausgaben notieren

Joana hat in jedem Monat Einnahmen und Ausgaben.

2 a) Was gehört zu den Einnahmen?
b) Wie viel Einnahmen hat Joana in jedem Monat?

3 a) Was gehört zu den Ausgaben?
b) Wie viel Geld gibt Joana in jedem Monat aus?

4 Legt eine Tabelle an der Tafel an. Tragt die Einnahmen
und die Ausgaben von Joana in die Tabelle ein.

Einnahmen (+)		Ausgaben (−)	
Taschengeld (Eltern)	15,00 €	Mädchenzeitschrift (2 X)	5.00 €
Opa	5,00 €	Fitness-Getränk (4 X)	6.00 €
...		...	...
gesamt:			

5 Rechnet aus, wie viel Geld Joana im Monat übrig hat.

Joana spart auf ein Paar Markensportschuhe für 80 €.

6 Rechnet aus, wie viele Monate sie sparen muss,
bis sie sich die Markensportschuhe kaufen kann.

7 Macht Vorschläge, wo Joana Geld einsparen könnte.

8 Zeichne eine Tabelle wie oben für dich selbst.
Trage ein, welche Einnahmen und Ausgaben du hast.

➡ eine Tabelle zeichnen
S. 137

9 Arbeite mit einem Partner.

a) Besprecht eure Einnahmen und Ausgaben.
b) Überlegt, wo ihr Geld sparen könnt.
c) Worauf könntet ihr verzichten?

Hier seht ihr ein Diagramm zum Thema Taschengeld.
Diese Abbildung ist ein Balkendiagramm.

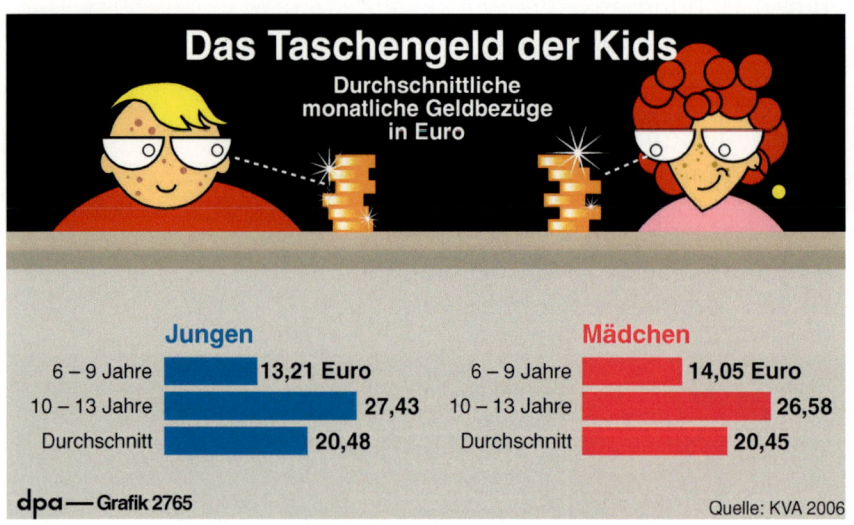

Was zeigt uns dieses Diagramm?

1   Die blauen Balken stehen für die Jungen.
2   Die rosa Balken stehen für die Mädchen.

3   Jungen im Alter zwischen 6 und 9 Jahren bekommen
4   durchschnittlich ca. 13 Euro Taschengeld.
5   Ab 10 bis 13 Jahren bekommen sie mehr, etwa 27 Euro.

6   Mädchen im Alter zwischen 6 und 9 Jahren bekommen
7   durchschnittlich ca. 14 Euro Taschengeld.
8   Ab 10 bis 13 Jahren bekommen sie etwa 26 Euro.

1   Vergleiche die beiden letzten Balken im Diagramm.
Lies die Durchschnittswerte ab.

2   Schreibe einen Ergebnissatz zum Diagramm.

a) Wie viel Taschengeld haben Jungen und Mädchen
durchschnittlich zur Verfügung?
b) Gibt es einen Unterschied?

Hier seht ihr ein anderes Diagramm.

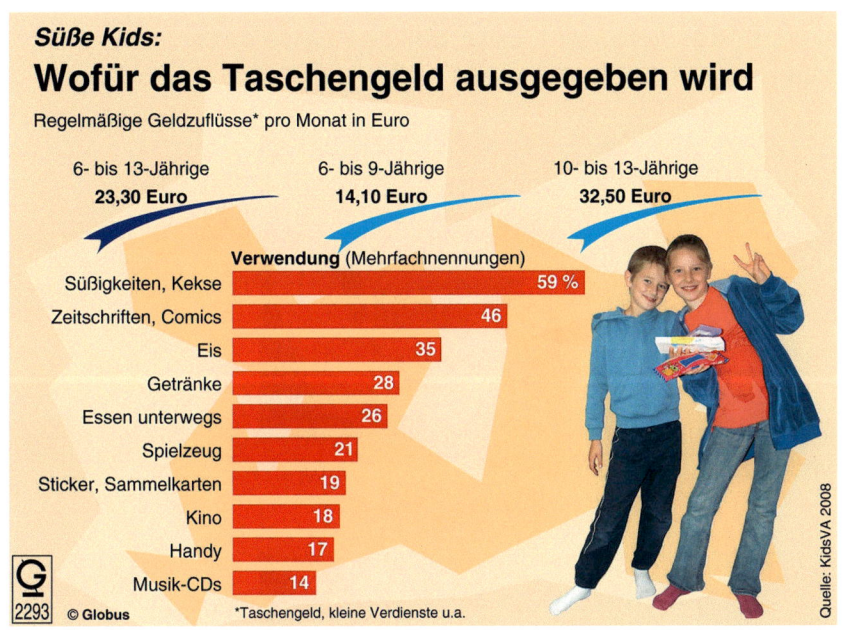

Süße Kids:

Wofür das Taschengeld ausgegeben wird

Regelmäßige Geldzuflüsse* pro Monat in Euro

6- bis 13-Jährige	6- bis 9-Jährige	10- bis 13-Jährige
23,30 Euro	**14,10 Euro**	**32,50 Euro**

Verwendung (Mehrfachnennungen)

- Süßigkeiten, Kekse — 59 %
- Zeitschriften, Comics — 46
- Eis — 35
- Getränke — 28
- Essen unterwegs — 26
- Spielzeug — 21
- Sticker, Sammelkarten — 19
- Kino — 18
- Handy — 17
- Musik-CDs — 14

G
2293
© Globus   *Taschengeld, kleine Verdienste u.a.

Quelle: KidsVA 2008

**Versucht, das Diagramm selbstständig auszuwerten.
Ihr könnt einzeln oder mit einem Partner arbeiten.**

So geht ihr vor:

1. Seht euch das Diagramm genau an.
   - Wie lautet die Überschrift?
   - Worüber informiert uns das Diagramm?

2. Seht euch die Balken genau an. Lest die Werte ab.
   - Wofür geben Kinder und Jugendliche am meisten Geld aus?
   - Wofür geben sie am wenigsten Geld aus?

3. Formuliert einen Ergebnissatz zu dem Diagramm.

   Das Diagramm zeigt uns, dass …

 3 a) Wertet das Diagramm selbstständig aus.
   b) Besprecht eure Ergebnisse miteinander.
   c) Schreibt eure Ergebnisse auf.

**Wenn man seinen ersten Schülerjob gefunden hat
oder eine Ausbildung macht, braucht man ein Girokonto.
Der Arbeitgeber überweist das verdiente Geld auf das Girokonto.
Aber mit einem Girokonto geht noch viel mehr.**

Wir können uns einen Kontoauszug holen.

Wir können Geld vom Girokonto abheben.

Wir können uns über den Kontostand auch online informieren.

Wir können Rechnungen bezahlen und Geld überweisen.

 1 Beschreibt die Bilder. Wie können wir das Girokonto nutzen?

 2 Wer von euch hat schon ein Girokonto?
Wofür benutzt ihr euer Girokonto?

Viele Geldinstitute in Deutschland bieten für Kinder und Jugendliche ein Konto an. Es heißt unterschiedlich: Startkonto, Junges Konto oder Jugendgirokonto. Hier seht ihr ein Beispiel der Berliner Sparkasse.

Das Konto für junge Leute

Alter	7 bis 11 Jahre	12 bis 17 Jahre
Kontoführung	kostenlos	kostenlos
Zahlungsverkehr	inklusive	inklusive
Online-Banking	möglich (nur Abfrage)	inklusive
Kontoauszüge	Versand	Kontoauszugsdrucker
Dispositionskredit	–	–
SparkassenCard	–	inklusive

> Meine neue Sportzeitschrift ist da! Eine Rechnung für das Jahresabo ist auch dabei. Nun muss ich das Geld überweisen.

> Ich kann mich über meinen Kontostand zu Hause informieren. Das geht ganz leicht: mit Online-Banking!

> Wie viel Geld habe ich noch auf meinem Konto? Hmm, ich muss mal nachschauen … Ich hole mir einen Kontoauszug.

 1 Seht euch das Info-Blatt genau an.
Lest dazu auch die Sprechblasen.

 2 Was können Jugendliche zwischen 12 und 17 Jahren mit einem Girokonto machen? Was geht noch nicht?

 3 Erkundigt euch:
   – Wozu dient ein Kontoauszugsdrucker?
   – Was ist ein „Dispo-Kredit"?

Was ihr noch tun könnt:
Besucht gemeinsam ein Geldinstitut in eurer Nähe.
Informiert euch über weitere Möglichkeiten.

✓ Das kann ich!

 1 Schreibe zu jedem Begriff ein Beispiel auf:
Tauschhandel, Ware gegen Gold- und Silbermünzen,
Ware gegen Geld.

 2 Was können wir mit Geld machen?

a) Formuliere Sätze aus den Wortgruppen.
b) Schreibe die Sätze auf.

| Geld sparen | Geld ausgeben | Geld anlegen |

| für Sachen die ich brauche | für größere Anschaffungen |

| für PC-Spiele | auf einem Sparkonto | beim Einkaufen |

| für meinen Mofa-Führerschein | für Eis und Süßes |

 3 Werte das folgende Diagramm aus.
Wende dabei die Schritte von Seite 83 an.

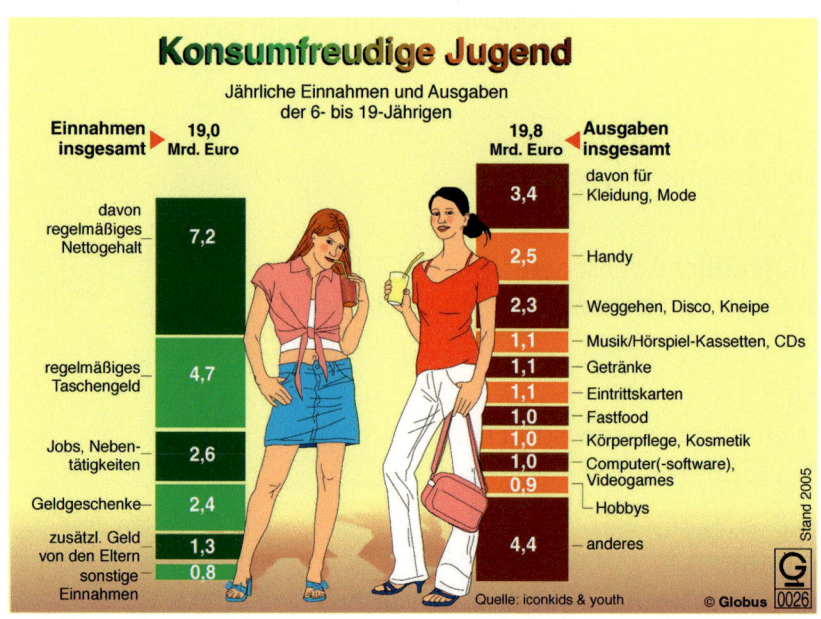

4 Was können Jugendliche mit ihrem Girokonto machen?
Schreibe zu jedem Bild einen Satz auf.

 5 Was gehört zusammen?
Suche die passenden Erklärungen für die Begriffe.
Schreibe die Sätze auf.

Ein Kontoauszug ist …

ein Formular, womit ich
eine Rechnung bezahlen kann.

Eine Überweisung ist …

ein Konto für den täglichen Gebrauch.

Ein Girokonto ist …

ein Konto, auf dem ich Geld anlegen kann.

Ein Sparkonto ist …

ein Info-Zettel über meinen Kontostand.

Geld bekommen, Geld verdienen

 1 Beschreibt die Bilder.
Erklärt, woher Kinder und Jugendliche ihr Geld bekommen.

Viele Kinder und Jugendliche bekommen Taschengeld von ihren Eltern.
Einige bekommen es wöchentlich, manche monatlich.
Eine festgelegte Höhe für das Taschengeld gibt es nicht.
Die Eltern entscheiden, wie viel Taschengeld sie ihren Kindern geben.

Jugendliche möchten oft mehr Geld haben als das Taschengeld.
Sie möchten sich zum Beispiel eine neue CD oder ein teures
Kleidungsstück kaufen. Jugendliche ab 13 Jahren dürfen
auch etwas dazuverdienen.
Es gibt bestimmte Schülerjobs, die sie machen können.

 2 Woher bekommt ihr euer Geld?

**Viele Jugendliche finden, dass sie zu wenig Geld haben.
Sie wollen sich etwas dazuverdienen.**

1
„Einmal im Monat passe ich in der Nachbarschaft auf ein Kind auf. Die Eltern wollen auch mal abends ins Kino oder zu Freunden gehen. Ich bin dann ungefähr drei Stunden bei dem Kind. Ich komme um 18.00 Uhr. Wenn das Kind eingeschlafen ist, dann kann ich lesen oder fernsehen. Und ich bekomme 5,00 Euro pro Stunde."

2
„Mittwochs nach der Schule trage ich das Wochenblatt aus. Mein Bezirk hat 12 Straßen. Ich verteile das Wochenblatt an mehr als 150 Haushalte. Ich bin mit dem Fahrrad unterwegs und schaffe es in 2 Stunden. Das ist ganz schön anstrengend. Aber es macht trotzdem Spaß. Und ich verdiene auch Geld dabei: 10 Cent pro Wochenblatt."

3
„Ich habe mein Schulpraktikum in einem Frisörsalon gemacht. Das hat mir sehr gut gefallen. Meine Chefin fand, dass ich schnell arbeite und gut in das Team passe. Sie hat mich gefragt, ob ich nicht ab und zu aushelfen will. Da habe ich natürlich ‚ja' gesagt."

4
„Ich bin gerade 14 Jahre alt geworden. Bis vor kurzem habe ich jeden Montag 4 Euro Taschengeld bekommen. Jetzt habe ich eine Erhöhung bekommen: 20 Euro im Monat. Meine Eltern sagen, dass ich nun lernen muss, mit dem Geld den ganzen Monat auszukommen."

🗩 **3** Was erzählen die Jugendlichen über ihre Arbeit?
Woher bekommen sie ihr Geld?

🗩 **4** Welche weiteren Möglichkeiten gibt es noch für Jugendliche, um ihr Taschengeld aufzubessern?

Der erste Schülerjob

Seit ein paar Wochen hat Enrico seinen ersten Schülerjob.
Er trägt jeden Dienstag Zeitschriften aus.

 1 Wie sieht der Tagesablauf von Enrico aus?

➔ Textknacker
Umschlagklappe
hinten

📖 Enricos Schülerjob: Zeitschriften austragen

1 Wie jeden Morgen steht Enrico um 6.40 Uhr auf.
2 Nach dem Frühstück fährt er um 7.30 Uhr los.
3 Für den Weg zur Schule braucht er 15 Minuten.

4 Die Schule beginnt um 8 Uhr.
5 Nach der achten Stunde klingelt es endlich.
6 Es ist 15.15 Uhr. Die Schule ist zu Ende!
7 Enrico fährt nach Hause.

8 Dann packt er 200 „Wochenblätter" auf sein Fahrrad.
9 Die Wochenblätter werden immer schon morgens
10 zu ihm nach Hause gebracht.
11 Er muss die „Wochenblätter" nun verteilen.
12 Von 16 Uhr bis 17:45 Uhr ist Enrico unterwegs.
13 Die Zeitschriften transportiert er in Packtaschen auf
14 seinem Fahrrad. Er schiebt das Fahrrad meistens.

15 Dann ist er endlich fertig.
16 Er braucht 20 Minuten, um nach Hause zu fahren.

17 Enrico findet seinen Schülerjob gut.
18 Am meisten gefällt ihm, dass er sein eigenes Geld
19 verdient. An jedem Dienstag verdient er 15 Euro.

💬 **2** Beschreibt Enricos Tag.

Der erste Schülerjob

Tarkan will sich auch einen Schülerjob suchen.
Er hat Enrico nach seinem Schülerjob befragt.

3 Lest das Gespräch von Tarkan und Enrico in verteilten Rollen vor.

„Enrico, wie bist du an den Job überhaupt herangekommen?"

„Ich wollte Geld verdienen. Da habe ich gesehen, dass in unserer Straße jemand jeden Dienstag die „Wochenblätter" verteilt. Der war nicht viel älter als ich. Den habe ich gefragt."

Tarkan: „Und was hat er dir erzählt?"

Enrico: „Der hat mir die Telefonnummer von der Zustellagentur gegeben. Da habe ich angerufen und gefragt, ob ich auch ‚Wochenblätter' austragen kann."

Tarkan: „Und die Agentur hatte gleich einen Job für dich?"

Enrico: „Nicht sofort, aber schon nach zwei Wochen haben sie mich angerufen. Da war etwas frei für mich."

Tarkan: „Wie findest du deinen Job?"

Enrico: „Gut! Es ist auch ganz schön anstrengend, aber ich verdiene mein eigenes Geld. Wenn ich mir etwas kaufen will, brauche ich jetzt nicht mehr meine Eltern anzubetteln."

4 Macht eine Umfrage in der Klasse.
Haltet eure Ergebnisse an der Tafel fest.

Schülerjobs in unserer Klasse			
– Wer hat einen Schülerjob? →	Sarah	Martin	Timur
– Welche Arbeit?	Babysitten	Zeitschriften verteilen	Rasen mähen

Was ist erlaubt? Was ist verboten?

**Wenn Jugendliche arbeiten wollen, müssen sie
bestimmte Gesetze beachten. Hier lernt ihr wichtige Regelungen
aus dem Kinderarbeitsschutz und Jugendarbeitsschutz kennen.**

Auszug aus der Verordnung über den Kinderarbeitsschutz

§ **2 Zulässige Beschäftigungen**

(1) Kinder über 13 Jahre und vollzeitschulpflichtige*
Jugendliche dürfen nur beschäftigt werden
1. mit dem Austragen von Zeitungen, Zeitschriften,
Anzeigenblättern und Werbeprospekten,

2. in privaten und landwirtschaftlichen Haushalten mit
a) Tätigkeiten in Haushalt und Garten,
b) Botengängen,
c) der Betreuung von Kindern und anderen zum Haushalt
gehörenden Personen,
d) Nachhilfeunterricht,
e) der Betreuung von Haustieren,
f) Einkaufstätigkeiten mit Ausnahme des Einkaufs von
alkoholischen Getränken und Tabakwaren,

3. in landwirtschaftlichen Betrieben mit Tätigkeiten bei
a) der Ernte und der Feldbestellung,
b) der Selbstvermarktung landwirtschaftlicher Erzeugnisse,
c) der Versorgung von Tieren,

4. mit Handreichungen beim Sport, (…)

(3) Die zulässigen Beschäftigungen müssen im Übrigen
den Schutzvorschriften des Jugendarbeitsschutzgesetzes
entsprechen.

> * Jugendliche, die 4 Jahre
> in die Grundschule und
> 5 oder 6 Jahre in eine
> weiterführende Schule
> gehen.

---

 1 Welche Beschäftigungen sind für Kinder über 13 Jahre
erlaubt?

 2 Sammelt Beispiele für erlaubte Beschäftigungen
und nennt den Abschnitt aus Paragraf 2 dazu.

Enrico verteilt einmal pro Woche das „Wochenblatt". > Abschnitt 1
Joana passt in der Nachbarschaft auf Kinder auf. > …

Was ist erlaubt? Was ist verboten?

**Für Jugendliche, die arbeiten, gelten besondere Gesetze.
Diese Gesetze sollen die Jugendlichen schützen.**

Auszug aus dem Jugendarbeitsschutzgesetz

§ 2   Kind, Jugendlicher

(1) Kind im Sinne dieses Gesetzes ist, wer noch nicht
   15 Jahre alt ist.

(2) Jugendlicher im Sinne dieses Gesetzes ist, wer 15,
   aber noch nicht 18 Jahre alt ist.

(3) Auf Jugendliche, die der Vollzeitschulpflicht unterliegen,
   finden die für Kinder geltenden Vorschriften Anwendung.

§ 5   Verbot der Beschäftigung von Kindern

(1) Die Beschäftigung von Kindern unter 15 Jahren ist verboten.

(2) Das Verbot des Absatzes 1 gilt nicht für die Beschäftigung
   von Kindern (…)
   – im Rahmen des Betriebspraktikums während der
   Vollzeitschulpflicht (…).

(3) Das Verbot des Absatzes 1 gilt
   nicht für die Beschäftigung von Kindern über 13 Jahre
   mit Einwilligung des Personensorgeberechtigten, soweit
   die Beschäftigung leicht und für Kinder geeignet ist.

(4) Das Verbot des Absatzes 1 gilt ferner nicht für die
   Beschäftigung von Jugendlichen (§ 2 Abs. 3) während
   der Schulferien für höchstens vier Wochen im Kalenderjahr.

---

 1 Welche Ausnahmen gelten für Kinder unter 15 Jahren?
   – Wann dürfen sie beschäftigt werden?
   – Welche Voraussetzungen müssen erfüllt sein?

 2 Dürfen Jugendliche unter 15 Jahren ein Betriebspraktikum machen?
   Sucht den passenden Textabschnitt.

 3 Ab welchem Alter dürfen Jugendliche einen Ferienjob haben?
   Sucht den passenden Textabschnitt.

Wir suchen einen Ferienjob

Joana und Fabian sind 15 Jahre alt.
Sie möchten in den Schulferien arbeiten.
Aber wie finden sie einen passenden Ferienjob?

Hallo, ich bin Joana und 15 Jahre alt.

Suchen Sie jemanden, der auf Ihren aufpasst, wenn Sie verreisen?

Suchen Sie jemanden, der mit Ihrem Gassi gehen kann?

Dann rufen Sie mich an!

Joana M.   Tel: ....

Der Herbst ist da ...

Haben Sie auch so viel Laub im Garten?

Fabian, 15 Jahre alt, hilft Ihnen gerne bei der Gartenarbeit.

Rufen Sie mich an, wenn Sie Interesse haben.

Fabian S.
Tel: ....

💬 **1** Welche Tätigkeiten möchten Joana und Fabian als Ferienjob übernehmen?
Dürfen sie es machen? Seht nach in der Verordnung.

💬 **2** Wo sollte Joana ihre Anzeige anhängen?
Wo könnte Fabian mit seiner Anzeige Erfolg haben?

**Vielleicht sucht ihr auch einen Ferienjob?
Ihr könnt auch eine eigene Jobanzeige gestalten.**

So könnt ihr vorgehen:

- Sammelt Informationen über mögliche Ferienjobs:
  - Welche Tätigkeiten sind erlaubt?
  - Welche Tätigkeiten sind besonders gefragt?

- Wähle einen Ferienjob für dich aus.

- Schreibe einen kurzen Text zu deinem Ferienjob.

- Suche oder male Bilder dazu.

- Gestalte deine Jobanzeige ansprechend
  (bei der Gestaltung kannst du auch einen PC benutzen).

 1 Informiert euch zuerst, welche Beschäftigungen für euch in Frage kommen können.

 2 Fragt eure Eltern nach ihrer Erlaubnis.
Ohne die Einwilligung der Eltern dürft ihr keine Beschäftigung ausüben.

 3 Gestaltet eine Anzeige für den Ferienjob.
Die Anleitung oben hilft euch dabei.

 4 Wo könnt ihr eure Anzeigen anhängen?

Hund spazieren führen > vor einer Tierhandlung …
Tennisbälle aufsammeln > in einem Sportverein …

Denkt daran:
Wenn es mit dem Ferienjob geklappt hat, müsst ihr diese Arbeit auch ernst nehmen. Man erwartet von euch, dass ihr wie vereinbart pünktlich am Arbeitsort seid und eure Aufgaben zuverlässig erledigt.

Das kann ich!

 1 Nennt Möglichkeiten, wie Kinder oder Jugendliche Geld verdienen können. Beschreibt, was alles zu den Jobs gehört.

①  ②  ③

 2 Ordnet die Sätze den Bildern zu.

ⓐ „Ganz schön anstrengend diese Arbeit im Garten:
Rasen mähen, Unkraut ziehen, Beet harken, Hecke schneiden."

ⓑ „Bis jetzt darf ich nur Kaffee kochen, servieren
und andere kleine Aufgaben erledigen."

ⓒ „Ich werde nicht nach Stunden bezahlt.
Ich bekomme 1 Euro pro Fahrt. Plus Trinkgeld!"

3 Was ist richtig? Bilde Sätze und schreibe sie auf.

| Kinder unter 15 Jahren … | | brauchen die Einwilligung der Eltern, wenn sie eine leichte Arbeit ausführen wollen. |

| Kinder mit 13 Jahren … |

| Jugendlicher im Sinne des Gesetzes ist, | | wer 15 aber noch nicht 18 Jahre alt ist. |

| dürfen laut Gesetz nicht arbeiten. |

4 Ist das erlaubt oder nicht?
Begründet eure Meinung mit dem Jugendarbeitsschutzgesetz.

1 „Hallo, ich bin Sira. Ich bin 15 Jahre alt.
2 Mein Vater hat mir einen Job besorgt.
3 Ich helfe jeden Donnerstag und Freitag
4 von 15 bis 17 Uhr in einem Café aus.
5 Ich verdiene 4,50 Euro die Stunde.
6 Meistens bekomme ich auch noch Trinkgeld.
7 Mein Vater sagt, dass das in Ordnung ist."

1 „Ich bin Dirk. Ich bin 14 Jahre alt und arbeite
2 am Wochenende manchmal in einer Diskothek.
3 Meistens kann ich um 22 Uhr gehen.
4 Ich denke, dass das in Ordnung ist. Ich muss
5 ja auch am nächsten Tag nicht zur Schule."

 5 Richtig oder falsch?
Lies zuerst die Sätze durch.
Entscheide, ob die Aussagen richtig sind.
Korrigiere die falschen Aussagen.
Schreibe die Sätze richtig auf.

a) Kinder unter 15 Jahren dürfen laut Gesetz nicht
   arbeiten.
b) Ab 13 Jahren darf man kleine Arbeiten bis zu
   3 Stunden am Tag machen.
c) In bestimmten Betrieben müssen Kinder und
   Jugendliche auch samstags arbeiten.
d) Kinder unter 15 Jahren dürfen kein Betriebspraktikum
   machen.
e) Kinder unter 15 Jahren dürfen keinen Ferienjob haben.

1 Beschreibt, was ihr auf den Bildern seht.
- Welche Berufe sind jeweils dargestellt?
- Welcher von diesen Berufen könnte dich interessieren?

Es gibt viele Berufe, die du erlernen kannst.
Manche Berufe stellen hohe Ansprüche an den Auszubildenden,
manche sind leichter zu erlernen.

- Weißt du schon, was du einmal werden möchtest?
- Möchtest du gerne einmal handwerklich arbeiten?
- Arbeitest du gerne an Maschinen?
- Magst du die Natur?
- Oder ist dir der Umgang mit anderen Menschen wichtig?

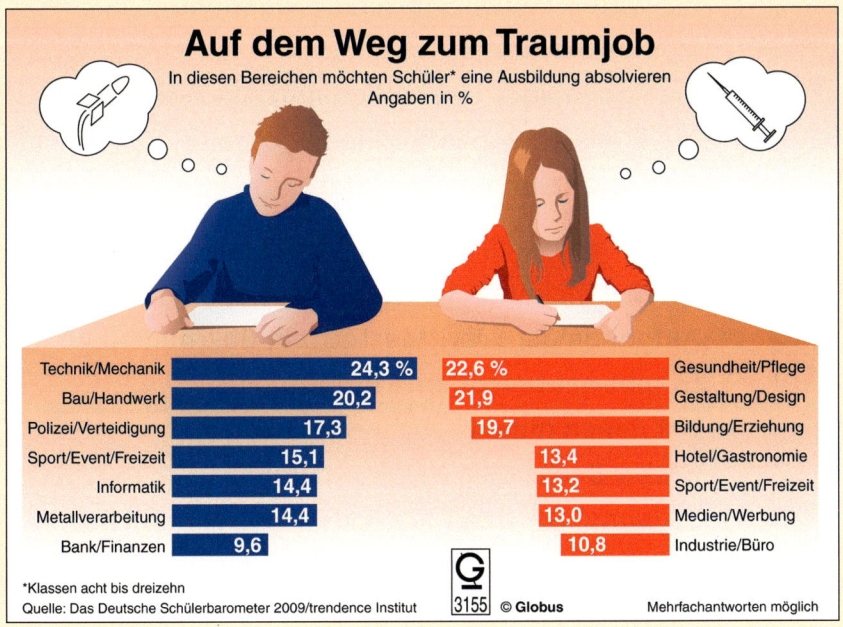

Auf dem Weg zum Traumjob

In diesen Bereichen möchten Schüler* eine Ausbildung absolvieren
Angaben in %

Technik/Mechanik	24,3 %	
Bau/Handwerk	20,2	
Polizei/Verteidigung	17,3	
Sport/Event/Freizeit	15,1	
Informatik	14,4	
Metallverarbeitung	14,4	
Bank/Finanzen	9,6	

22,6 %		Gesundheit/Pflege
21,9		Gestaltung/Design
19,7		Bildung/Erziehung
13,4		Hotel/Gastronomie
13,2		Sport/Event/Freizeit
13,0		Medien/Werbung
10,8		Industrie/Büro

*Klassen acht bis dreizehn
Quelle: Das Deutsche Schülerbarometer 2009/trendence Institut

3155 © **Globus**   Mehrfachantworten möglich

2 Lies die Werte aus dem Diagramm ab.

a) In welchem Bereich möchten die meisten Jungen
   eine Ausbildung machen?
b) Welche Bereiche sind bei den Mädchen besonders beliebt?

In diesem Kapitel lernt ihr die Anforderungen des Berufslebens kennen.
Ihr erhaltet einen Überblick über die Vielzahl an Berufen,
die euch offen stehen. Welche Unterschiede gibt es zwischen
einer Ausbildung und einem ungelernten Job?
Auch das erfahrt ihr in diesem Kapitel.

Gestern und heute: Berufe ändern sich

Mit dem technischen Fortschritt ändert sich das Leben stetig.
So ändern sich auch die Berufe und ihre Anforderungen.

 1 Warum gibt es den Beruf des Schriftsetzers nicht mehr? ➡ Textknacker
Umschlagklappe
hinten

📖 Vom Schriftsetzer zum Mediengestalter

1 Der Schriftsetzer oder auch Setzer war
2 ein Ausbildungsberuf im Druckhandwerk.
3 Sie wurden auch „Bleisetzer" genannt.
4 Warum wohl?
5 Sie haben nach der herkömmlichen Technik
6 die Bleibuchstaben für eine Buchseite
7 per Hand zusammengesetzt.

8 Heute gibt es diesen Beruf nicht mehr.
9 Die Entwicklung der Computertechnik hat die
10 Aufgaben der Schriftgestaltung übernommen.
11 Es gibt heute moderne Programme,
12 mit denen man viel schneller und
13 besser Buchseiten gestalten kann.
14 So wurde der Beruf des Schriftsetzers aufgehoben.
15 Es gibt heute die neue Berufsbezeichnung:
16 Mediengestalter für Digital- und Printmedien.

💬 **2** Kennt ihr noch weitere Berufe, die es früher gab,
heute aber nicht mehr?

💬 **3** Nennt Gründe, warum sich Berufsbilder im Laufe der Zeit
verändern.

Gestern und heute: Berufe ändern sich

Es entstehen immer wieder neue Berufe.
Besonders in dem Bereich der Dienstleistungen.

📖 Nachfrage nach Dienstleistungen

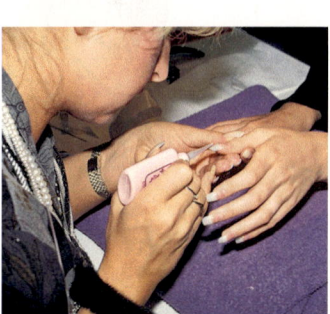

1 Früher haben sich die Menschen nur wenige Gedanken
2 über ihre Fingernägel gemacht.
3 Die Mode, sich die Fingernägel „stylen" zu lassen,
4 ist noch relativ jung.
5 1980 gab es die erste Messe der World International
6 Nail and Beauty Association, einer internationalen
7 Nagel- und Schönheitsvereinigung.
8 Heute lassen sich viele, besonders junge Frauen,
9 ihre Fingernägel in einem Nagelstudio behandeln,
10 verschönern und verzieren.
11 In Deutschland gibt es über 100.000 Nagelstudios.
12 Die Nachfrage nach dieser Dienstleistung hat also
13 in den letzten 30 Jahren für einen neuen Beruf und
14 dessen Boom gesorgt. Der neue Beruf Nageldesigner/in
15 ist ein anerkannter Weiterbildungsberuf.

16 Auch in den Bereichen Tourismus, Gesundheit und Sport
17 entstehen heutzutage neue Berufe.
18 Fitnesstrainer, Wellnessberater, Ernährungsberater
19 arbeiten in Hotels, Sportstudios und in verschiedenen
20 Freizeit-Einrichtungen.

💬 **4** Warum entstehen immer wieder neue Berufe?

 5 Informiere dich über neue Berufe im Dienstleistungsbereich. | www.berufenet.de |

Heute und morgen: Darauf kommt es an!

Mit der Entwicklung der Berufe ändern sich auch die Anforderungen. Was ist heute im Berufsleben wichtig? Worauf kommt es an?

Heute ärgere ich mich darüber, dass ich in der Schule beim Computerunterricht nicht besser aufgepasst habe, denn Computer-Kenntnisse sind für jeden Beruf wichtig. Das sagen auch meine Kumpel aus anderen Betrieben.

Ich arbeite als Krankenpfleger. Früher dachte ich, Arbeit heißt: von 8:00 bis 16:00 Uhr und am Wochenende hat man frei. Von wegen! Ich habe mal Frühschicht, mal Spätschicht. Dazu kommen Nacht- und Wochenendschichten. Ich kenne niemanden, der ganz normale Arbeitszeiten hat.

Selbständiges Arbeiten, im Team arbeiten und Probleme lösen können, das sind Dinge, die ich bei meinen Mitarbeitern sehr schätze. Das ist im Beruf genauso wichtig wie der Umgang mit den Maschinen.

Wenn ein Betrieb neue Mitarbeiter sucht, kann er sich meist zwischen vielen Bewerbern entscheiden. Da sucht er sich natürlich diejenigen aus, die eine Ausbildung gemacht oder Erfahrungen in dem Bereich haben. Heute müssen die Bewerber auch mobil sein und eine längere Anfahrt zum Arbeitsort in Kauf nehmen.

1 Was erzählen uns die Personen: Welche Kenntnisse und Fähigkeiten sind heute im Berufsleben besonders wichtig?

2 Welche von diesen Fähigkeiten findest du am wichtigsten?

Heute und morgen: Darauf kommt es an!

Die Übersicht zeigt die Anforderungen, die das Berufsleben an dich stellt. Diese Übersicht ist aber nicht vollständig.

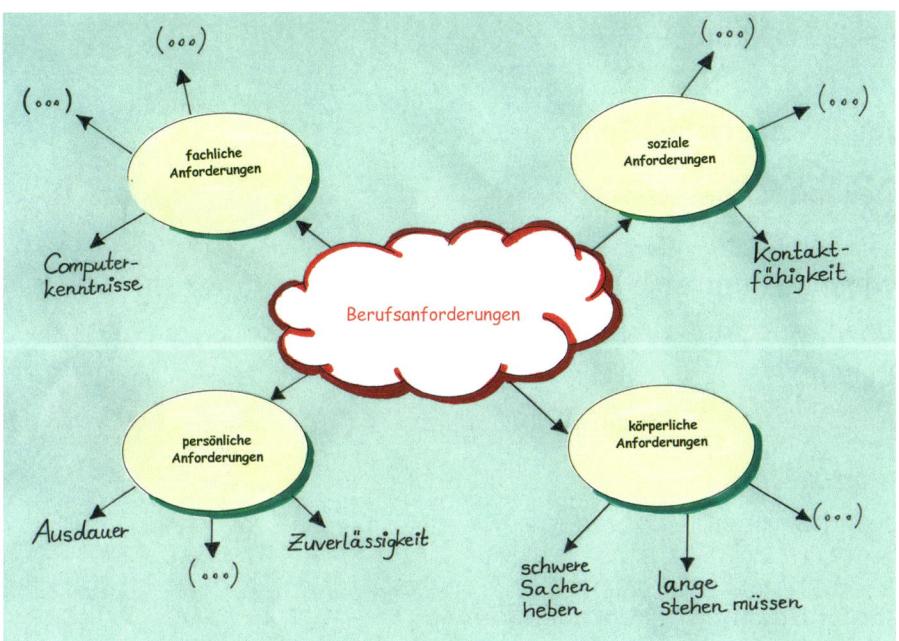

1 Erstellt in der Klasse eine Übersicht an der Tafel über die Berufsanforderungen.

2 Wo gehören diese Anforderungen hin?
Ordnet diese Begriffe in die Übersicht ein:

Teamfähigkeit, Pünktlichkeit, Fremdsprachenkenntnisse, körperliche Belastbarkeit, Konfliktfähigkeit

3 Was ist dein Wunschberuf?

a) Welche Anforderungen sind für deinen Wunschberuf erforderlich?
b) Erstelle eine Übersicht über die Berufsanforderungen für deinen Wunschberuf.

Grundlagen – die für alle gelten

Es gibt Fähigkeiten, die in fast allen Berufen eine wichtige
Rolle spielen. Diese Fähigkeiten sind der „Schlüssel"
zum Erfolg in Ausbildung und Beruf.
Wir nennen sie Schlüsselkompetenzen.

1. Beherrschung der deutschen Sprache

1 In Gesprächen mit Vorgesetzten solltest
2 du auf eine angemessene Sprache achten.
3 Korrekte Grammatik und eine gute Wortwahl
4 kann man üben. Auch auf gute Rechtschreibung
5 wird Wert gelegt.

 1 Wie könntet ihr es richtig sagen?
Wie sollte man mit einem Chef reden?

2. Beherrschung einfacher Rechentechniken

Tim soll die Farben ins Regal einräumen.

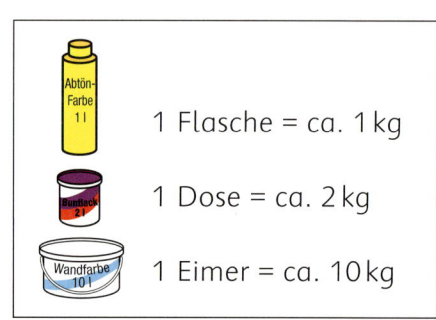

1 Flasche = ca. 1 kg

1 Dose = ca. 2 kg

1 Eimer = ca. 10 kg

 2 Überlegt gemeinsam:
– Worauf soll Tim achten?
– Wie viele Farbdosen und Farbeimer passen ins Regal?

**Die Beherrschung der Grundrechenarten ist in jedem Beruf wichtig,
egal, ob du als Fachlagerist oder als Gartenbauwerker arbeitest.**

 3 In welchen Berufen müsst ihr gut rechnen können?
Nennt drei weitere Berufe und Beispiele dafür, was berechnet
werden muss.

3. Soziale Kompetenzen:

Teamfähigkeit, Freundlichkeit, Konfliktfähigkeit

1 Wenn du diesen Satz öfter hörst, wird es Zeit,
2 etwas zu ändern. Denn die sozialen Kompetenzen sind
3 im Berufsleben sehr wichtig.
4 Vorgesetzte wünschen sich Praktikanten und Auszubildende,
5 – die mit anderen gut zusammen arbeiten können,
6 – die freundlich mit anderen umgehen und
7 – mit denen man angemessen besprechen kann,
8   wenn etwas nicht so gut gelaufen ist.

4. Persönliche Kompetenzen:

Zuverlässigkeit, Lern- und Leistungsbereitschaft, Ausdauer

1 Vorgesetzte wünschen sich zuverlässige Praktikanten
2 und Auszubildende.
3 Wer zu spät kommt oder wichtige Sachen vergisst,
4 bekommt Probleme mit dem Chef. Wer Interesse an
5 der Arbeit zeigt und bei anstrengenden Arbeiten
6 nicht sofort aufgibt, sammelt Pluspunkte.

 4 Welche Kompetenzen sind im Text 3 und 4 beschrieben?

 5 Stellt euch vor, ihr kommt während des Praktikums zu spät. Was sagt ihr? Übt so eine Situation im Rollenspiel.

> Wer zu spät kommt, sollte drei Dinge tun:
> • sich entschuldigen,
> • den Grund für seine Verspätung nennen,
> • eine Wiedergutmachung anbieten (zum Beispiel die verpasste Zeit nachholen).

Vielfalt der Berufe

In Deutschland gibt es über 340 Ausbildungsberufe.
Einige davon stellen nicht sehr hohe Anforderungen an den Auszubildenden und bieten auch eine verkürzte Ausbildungszeit von 2 Jahren an.

Hier findet ihr eine Auswahl von solchen Ausbildungsberufen:

Berufsfelder	Ausbildungsberufe	
Bauberufe	Ausbaufacharbeiter Bauten- und Objektbeschichter Hochbaufacharbeiter	Recyclingmonteur Tiefbaufachwerker Isolierfacharbeiter
Büro/Verwaltung	Bürofachhelfer	
Dienstleistung/Verkauf	Fachverkäufer (verschiedene Fachrichtungen) Servicekraft für Schutz und Sicherheit Verkaufshelfer	
Ernährung/Hauswirt-schaft/Gastgewerbe	Beikoch Fachkraft im Gastgewerbe Hauswirtschaftshelfer	
Gartenbau/Landschaftsbau	Gartenbauhelfer/ Gartenbauwerker (Fachrichtungen: Gemüse/ Zierpflanzen/Garten- und Landschaftsbau)	
Lagerwirtschaft/Logistik, Verkehr	Fachkraft für Automatenservice Fachlagerist Fahrradmonteur Handelsfachpacker	KFZ-Servicemechaniker Maschinen- und Anlagenführer Servicefahrer

Vielfalt der Berufe

 1 Wähle aus der Liste drei Berufe aus, die dich interessieren.
Sie sollten aus mindestens zwei Berufsfeldern kommen.

   a) Informiere dich über diese Berufe:
      Schlage nach in „Beruf aktuell".

   b) Informiere dich im Internet.

   c) Notiere alle Informationen, die du finden kannst.
      Klebe auch Bilder dazu.

Hier siehst du ein Beispiel:

Beruf: Gartenbauwerker(in)

Berufsfeld: Gartenbau/Landschaftsbau

Beschreibung:
In Gärten, Park- oder Außenanlagen Büsche schneiden, Rasen
mähen, Laub sammeln, Pflanzlöcher ausheben, Beete bepflanzen
oder Baumaterial transportieren.
Im Frühling setzen sie Blumenzwiebeln, im Sommer helfen sie
bei der Ernte von Obst und Gemüse, im Herbst kennzeichnen
sie Sträucher und bereiten sie für den Verkauf vor. Im Winter
schaufeln sie Wege frei und streuen Salz oder Split.

Anforderungen: praktisches Geschick, Freude an der Arbeit im
Freien, Kraft, Freude an wechselnden Arbeitsorten

Weiteres:
Die Ausbildung wird in folgenden Fachrichtungen angeboten:
* Garten- und Landschaftsbau
* Gemüsebau
* Obstbau
* Zierpflanzenbau
* Baumschule
* Friedhofsgärtnerei

Man kann diesen Ausbildungsberuf in einem Ausbildungsbetrieb,
einer außerbetrieblichen Ausbildungseinrichtung oder einer
Berufsfachschule erlernen.

Ausbildungszeit: 3 Jahre

Verdienst nach abgeschlossener Ausbildung:
je nach Stadt und Arbeitsbereich zwischen 1000€ und 2000€

Aktion — Wir erkunden einen Betrieb

Die Schüler der Otto-Hahn-Schule möchten eine Tischlerei besuchen.
Die Tischlerei „Fröhlich" erklärte sich bereit, den Betrieb
zu einem vereinbarten Termin zu zeigen.

📖 In der Tischlerei „Fröhlich"

1. Die Vorbereitung

1 Die Schüler bereiteten sich auf die Betriebserkundung
2 vor: Sie suchten im Internet nach Informationen zur
3 Tischlerei. Sie überlegten sich Fragen, die sie dem
4 Meister stellen wollten. Sie legten fest, wer welche
5 Frage stellen würde. In einem Rollenspiel übten sie,
6 wie man die Fragen stellt. Sie besprachen, wie man
7 sich bei einer Betriebserkundung verhält.

➡ Verhalten im Betrieb:
– ohne Erlaubnis
  nichts anfassen,
– höflich reden,
– sich hinterher
  bedanken (…)

2. Die Durchführung

1 Am vereinbarten Tag kam die Klasse zur Tischlerei.
2 Die Klasse wurde durch den Betrieb geführt.
3 Dabei stellte der Meister Herr Fröhlich den Schülern
4 die verschiedenen Maschinen, und Werkzeuge vor.
5 Er erklärte auch, wofür verschiedene Holzsorten
6 verwendet werden. Dann stellten die Schüler ihre Fragen.

💬 **1** Welchen Betrieb haben die Schüler erkundet?

✏ **2** Schreibt auf, was die Schüler der Reihe nach getan haben.

1. Vorbereitung: Die Schüler haben zuerst …

Die Schüler wollten mehr über den Betrieb wissen.

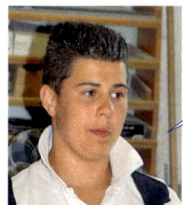

Herr Fröhlich, was wird in Ihrem Betrieb hergestellt?

Unsere Tischler stellen aus dem Holzwerkstoff verschiedene Produkte her: zum Beispiel Tische, Schränke oder Fensterrahmen.

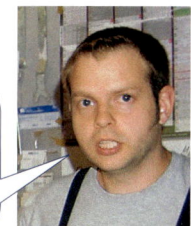

Die Schüler haben für ihre Betriebserkundung einen Fragebogen vorbereitet. Jetzt konnten sie ihre Fragen stellen und die Antworten aufschreiben.

1. Frage (Tom):   Ist der Betrieb ein Einzelbetrieb oder gibt es weitere Filialen?
   Antwort: Unsere Tischlerei ist ein Einzelbetrieb.

2. Frage (Fabian): Wie viele Angestellte hat Ihr Betrieb?
   Antwort: Wir beschäftigen zurzeit drei Tischler und zwei Auszubildende.

3. Frage (Deniz): Was lernen die Azubis bei Ihnen?
   Antwort: Sie lernen bei uns verschiedene Arbeitstechniken wie Hobeln und
                   Schleifen von Oberflächen. Sie lernen auch, die Teile durch Schrauben
                   oder Leimen zu verbinden.

4. Frage (Tina):   Was ist wichtig, wenn ich bei Ihnen eine Ausbildung machen möchte?
   Antwort: Es ist wichtig, dass man sich für den Beruf interessiert. Außerdem muss
                   man handwerkliches Geschick und gute Noten in Mathematik haben.

 3 Was habt ihr über die Arbeit in einer Tischlerei erfahren?

 4 Was lernen die Auszubildenden?
Was ist wichtig für eine Ausbildung in der Tischlerei?

 5 Welche Fragen könnte man noch an den Tischlermeister stellen? Schreibt eure Ideen auf.   ➞ die Arbeitszeiten, die Regelungen zum Arbeitsschutz, das Gehalt (…)

Zurück in der Schule sprachen die Schüler über die Betriebserkundung. In einer Präsentation werteten sie die Betriebserkundung aus.

📖 Nach der Betriebserkundung

3. Auswertung

1 Die Schüler haben viel über die Arbeit in einer Tischlerei erfahren.

2 Sie haben die Antworten von Herrn Fröhlich notiert.

3 In der Werkstatt haben sie auch viele Fotos gemacht. Einige

4 Schüler haben sich für die Werkzeuge, andere für die Werkstoffe

5 in der Tischlerei interessiert und haben dazu noch weitere

6 Informationen gesammelt. Sie haben ihre Ergebnisse auf

7 Plakaten präsentiert. Zu der Präsentation haben sie den Meister

8 Herr Fröhlich eingeladen.

So sieht ein Plakat über die Betriebserkundung aus.

 1 Was haben die Schüler nach der Betriebserkundung gemacht?

 2 Wie haben sie ihre Ergebnisse präsentiert?

Methode

Eine Betriebserkundung planen und durchführen

Darum geht es:

Ihr könnt Einblick in die Arbeit in einem Betrieb bekommen.
Ihr könnt Informationen sammeln über:

- Arbeitsabläufe, Werkstoffe, Werkzeuge in dem Betrieb
- Anforderungen für den jeweiligen Beruf

So könnt ihr vorgehen:

1. Schritt: Vorbereitung

■ Besprecht in der Klasse gemeinsam:
- Welche Betriebe gibt es bei euch in der Nähe?
- Welchen Betrieb wollt ihr erkunden?
- Wie kommt ihr dorthin?

■ Vereinbart einen Termin mit dem Betrieb.

■ Stellt einen Arbeitsplan auf:
- Welche Fragen wollt ihr stellen?
- Wer schreibt die Antworten auf?
- Wer macht Fotos?

2. Schritt: Durchführung

- Geht oder fahrt gemeinsam zu eurem Ziel.
- Denkt an eure Aufgaben.

3. Schritt: Auswertung
Die Ergebnisse präsentieren

■ Gestaltet ein Plakat.
- Was habt ihr über die Arbeit im Betrieb erfahren?
- Welche Informationen habt ihr gesammelt?

■ Wählt Fotos und Info-Materialien aus.
■ Klebt die Fotos und die Materialien auf und beschriftet sie.

 1 Organisiert eine Betriebserkundung für eure Klasse.
Das Vorgehen der Otto-Hahn-Schule kann euch dabei helfen.

Dennis hat einen Job in einer Hotelküche gefunden.
Dort hat er Can kennen gelernt. Can ist Auszubildender im 3. Jahr.

 1 Lest das Gespräch mit verteilten Rollen vor.

> Ich wollte nach der Schule richtig Geld verdienen.
> Hier habe ich als Hilfskraft einen Job gefunden.

> Ich habe hier einen Ausbildungsplatz als Koch bekommen.
> Wir verdienen während der Ausbildung noch nicht so viel.

1 Dennis: Ich bin doch nicht verrückt und arbeite für fast kein Geld!
2   Ich jobbe hier als Hilfskraft und verdiene richtig gut:
3   fast 300 Euro die Woche.
4 Can: Mit 15 hatte ich auch keine Lust auf eine Ausbildung.
5   Aber meine Eltern wollten das unbedingt. Also, ich habe
6   mich beworben. Dieses Hotel hat mich aufgenommen.
7 Dennis: Arbeiten und auch noch für die Berufsschule lernen,
8   ist das nicht total schwer?
9 Can: Doch, das war echt hart. Aber ich habe es bald geschafft.
10   Und die Arbeit macht mir hier auch viel Spaß.
11 Dennis: Spaß? Na ja. Als Küchenhilfe muss ich manchmal auch
12   Arbeiten übernehmen, die ich nicht so toll finde.
13 Can: Bei mir wurde es Jahr zu Jahr besser. Wenn die Chefs merken,
14   dass du was drauf hast, dann lassen sie dich auch mehr
15   selbstständig arbeiten. Und auch das Gehalt steigt
16   während der Ausbildung.

2 Worüber reden Dennis und Can?

 3 Was ist der Unterschied zwischen einer Berufsausbildung und einem Job?

 4 Sammelt die Argumente von Can und Dennis:
- Wie sieht Can seine Situation in der Ausbildung?
- Welche Vorteile sieht er?
- Welche Nachteile sieht er?

- Wie sieht Dennis seine Situation im Job?
- Welche Vorteile sieht er?
- Welche Nachteile sieht er?

 5 Sammelt eure Ergebnisse an der Tafel.

	Can	Dennis
Welche Vorteile sieht er?		
Welche Nachteile hat er?		

6 Stellt euch Cans Zukunft in 10 Jahren vor:
- Wie könnte seine Arbeitssituation sein?
- Wo und wie wohnt er?
- Wie viel Geld hat er zur Verfügung? …

7 Stellt euch Dennis' Zukunft in 10 Jahren vor:
- Wie könnte seine Arbeitssituation sein?
- Wo und wie wohnt er?
- Wie viel Geld hat er zur Verfügung? …

 8 Spielt ein Treffen von Can und Dennis in 10 Jahren.

✓ Das kann ich!

 1 Setzt die Sätze sinnvoll zusammen und schreibt sie auf.

So wie sich das Leben und die Technik verändert haben, ...	... hat ebenfalls für das Entstehen von neuen Berufen gesorgt.
Viele Tätigkeiten, die früher von Menschen ausgeführt wurden, ...	... werden heute von Maschinen übernommen.
Um diese Maschinen zu bedienen, ...	... haben sich auch die Berufe und ihre Anforderungen geändert.
Die Nachfrage nach Dienstleistungen ...	... brauchen die Betriebe spezialisierte Arbeitskräfte.

 2 Welche Berufe gehören zu welchem Berufsfeld? Erstellt eine Tabelle.

Berufsfeld	Beruf
Bauberufe	Ausbaufacharbeiter
Büro/Verwaltung	...

Berufsfelder:
Bauberufe – Büro – Dienstleistung – Ernährung – Gartenbau – Lagerwirtschaft

Berufe:
Fachlagerist – Gartenbauhelfer – Bürofachhelfer – Ausbaufacharbeiter – Beikoch – Servicefahrer – Verkaufshelfer – Hauswirtschaftshelfer

3 a) Nennt zwei Vorteile, die eine Ausbildung gegenüber einem ungelernten Job hat.

b) Warum gibt es trotzdem Leute, die sich für einen ungelernten Job entscheiden?

4 Um welche Schlüsselkompetenzen handelt es sich jeweils? Ordne die Situationen den Begriffen unten zu.

1. Pünktlichkeit (W)

① In meinem Praktikum war es mir wichtig, immer pünktlich zu kommen.

② An einem Tag war der Chef mit meiner Arbeit nicht zufrieden. Er hat mit mir geredet. Ich habe zugehört, mich entschuldigt und ihm dann versprochen, es das nächste Mal wieder besser zu machen.

③ In meinem Praktikum in einer Großküche war es ganz wichtig, dass vor dem Arbeiten die Hände gründlich gewaschen wurden.

④ Mein Chef hat mich manchmal mit wichtigen Unterlagen zu einem Mitarbeiter geschickt. Er wusste, dass ich die Sachen zuverlässig dorthin bringe.

⑤ Wenn ich eine Aufgabe zu erledigen hatte, war es mir wichtig, dass ich sie richtig mache.

⑥ Mein Chef hat mich eine Woche lang beobachtet. Es gefiel ihm, wie ich beim Erledigen der Arbeiten mitgedacht habe. Danach durfte ich einige Aufgaben alleine erledigen.

⑦ In meiner Praktikums-Beurteilung steht, dass ich gut mit den Angestellten zusammen arbeiten konnte.

Ausdauer (T)   Selbstständigkeit (I)
Konfliktfähigkeit (I)   Teamfähigkeit (G)
Pünktlichkeit (W)   Zuverlässigkeit (H
Sauberkeit (C)

Wenn du richtig zugeordnet hast, erfährst du anhand der Buchstaben in Klammern: Schlüsselkompetenzen sind …!

Mein erstes Praktikum

Ich freue mich auf mein Praktikum! Endlich mal richtig arbeiten und nicht nur in der Schule sitzen und lernen.

In der zweiten Woche bin ich bei meinem Praktikumsplatz rausgeflogen. Ich sollte fegen. Dazu hatte ich keine Lust.

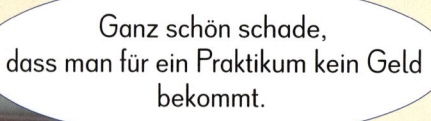

Ganz schön schade, dass man für ein Praktikum kein Geld bekommt.

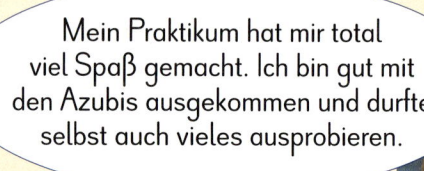

Mein Praktikum hat mir total viel Spaß gemacht. Ich bin gut mit den Azubis ausgekommen und durfte selbst auch vieles ausprobieren.

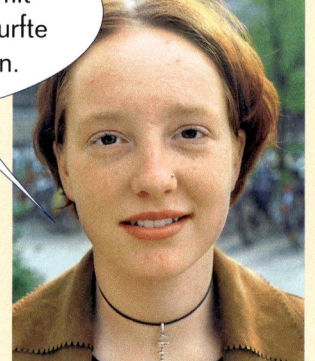

 1 Was erzählen die Jugendlichen über ihr Praktikum?

 2 Ein Schüler musste das Praktikum vorzeitig beenden. Warum?

 3 Warum bekommt man für ein Praktikum kein Geld?

> 1 Ich wünsche es für meine Schülerinnen und
> 2 Schüler, dass sie durch das Praktikum
> 3 eine Vorstellung davon bekommen,
> 4 welcher Beruf etwas für sie sein könnte.
> 5 Manche stellen während des Praktikums auch fest,
> 6 dass sie sich von einem Beruf eine ganz falsche
> 7 Vorstellung gehabt haben.

> 1 Heutzutage ist es sehr schwer geworden,
> 2 eine Arbeitsstelle zu finden.
> 3 Ich hoffe, dass mein Sohn über ein gutes
> 4 Praktikum seine Chancen auf einen
> 5 Ausbildungsplatz verbessern kann.

4 Welche Vorteile hat ein Betriebspraktikum?
  – Was sagt der Lehrer dazu?
  – Was sagt die Mutter dazu?

5 Welche Erwartungen habt ihr an euer erstes Praktikum?

6 Formuliert aus den Stichworten ganze Sätze. Schreibt auf.

Ich erwarte von …   gutes Zeugnis bekommen
Ich möchte in meinem Praktikum …

                                      Fertigkeiten erlernen
                                      (z. B. Umgang mit
  Erfahrungen sammeln   übernommen werden   Werkzeugen)

Warum machen wir ein Betriebsraktikum?

**Die Schüler der Otto-Hahn-Schule machen ein Betriebspraktikum.
Die meisten Schüler gehen gerne ins Praktikum und freuen sich darauf.**

Vier Schüler sprechen über ihre Erwartungen:

① 1 Ich mache mein erstes Praktikum bei einer Baufirma.
2 Ich möchte gerne erfahren, was man als Maurer tun
3 und können muss. Nach dem Praktikum kann ich mir
4 hoffentlich mehr unter dieser Arbeit vorstellen.

② 1 Mein Praktikum mache ich in einem Kindergarten.
2 Ich mag Kinder. Ein bisschen Angst habe ich davor,
3 wenn die Kinder sich streiten. Deshalb bin ich gespannt,
4 ob das tatsächlich etwas für mich ist.

③ 1 Ich werde mein Praktikum in einer Autowerkstatt machen.
2 Wenn das Praktikum gut läuft, bekomme ich dort vielleicht
3 einen Ausbildungsplatz. Deshalb ist das Praktikum ganz
4 besonders wichtig für mich: Nicht nur ich lerne den Betrieb
5 kennen, sondern der Betrieb lernt auch mich kennen.

④ 1 Tischler! – das ist schon lange mein Berufswunsch.
2 Deshalb möchte ich ein Praktikum in einer Tischlerei machen.
3 Ich hoffe, dass ich am Ende eine gute Beurteilung erhalten
4 werde. Dieses Schreiben werde ich natürlich zu meinen
5 späteren Bewerbungsunterlagen legen.

Wozu dient ein Praktikum?

 1 Schreibt zu jedem Bericht einen Satz auf.

① Ein Praktikum ist wichtig, um …

2 Welcher der vier aufgeschriebenen Sätze trifft auf dich zu?

Vor dem Praktikum

Ömer freut sich auch auf sein erstes Praktikum.
Er hat seine Wünsche und Erwartungen aufgeschrieben.

Name: *Ömer Yurdanur*

Mein Praktikumsberuf: *Maurer*

Meine Fähigkeiten für diesen Beruf:
- *gut in Mathematik*
- *gut in Technik*
- *sportlich*

Das erwarte ich von meinem Praktikum:
- *dass ich den Beruf näher kennen lerne*
- *dass ich hinterher weiß, ob der Beruf*
  etwas für mich ist

Das wünsche ich mir:
- *dass ich auch mal selbst mauern darf*
- *dass ich mich mit den Arbeitskollegen gut verstehe*
- *dass mir das Praktikum Spaß macht*
- *dass ich eine gute Beurteilung bekomme*

Diese Befürchtungen habe ich:
- *dass ich nur herumstehen und zugucken muss*
- *dass ich die Erklärungen nicht verstehe.*

1 Welche Erwartungen, Wünsche und Befürchtungen hat Ömer?

2 Welche Erwartungen und Wünsche habt ihr
an euer erstes Praktikum?

3 Erstelle eine solche Seite für dich.

4 Arbeite mit einem Partner.
Tauscht euch über eure Erwartungen und Wünsche aus.

Jede Schülerin und jeder Schüler hat ganz unterschiedliche Stärken und Schwächen.

Steffi kann sehr gut zeichnen.

Robin kennt sich mit Computern gut aus.

Jenny ist ein Mathe-Ass.

Manuel kann gut Fußball spielen.

Manche Schüler kennen ihre Stärken und können sich selbst gut einschätzen. Den meisten fällt das aber ziemlich schwer.

Um das zu üben, haben die Schüler sich gegenseitig ihre Einschätzungen aufgeschrieben.

Nach der Übung hat Manuel von seinen Mitschülern viele verschiedene Einschätzungen erhalten:

> Das kann Manuel meiner Einschätzung nach gut:
> 1. Fußball spielen
> 2. Rap-Texte schreiben, selbst rappen
>
> Das ist meiner Meinung nach eher nichts für ihn:
> Geometrie, sauber zeichnen

> Das kann Manuel meiner Einschätzung nach gut:
> 1. seine eigene Meinung vertreten
> 2. sich für andere einsetzen
>
> Das ist meiner Meinung nach eher nichts für ihn:
> ruhig bleiben, wenn er angemotzt wird

 1 Was kann Manuel gut?

2 Was kann Manuel noch nicht so gut?

**Ihr könnt in eurer Klasse auch eine solche Übung durchführen.
Sie kann euch helfen, eure Stärken und Schwächen besser
zu erkennen.**

1 Findet euch in Gruppen zu je 3 bis 4 Schülern zusammen.

 2 Übertragt die folgenden Sätze mit Lücken auf ein Blatt Papier.

> Das kann _____
> meiner Einschätzung nach gut:
>
> 1. _____
> 2. _____
>
> Das ist meiner Meinung nach eher nichts
> für sie/ihn:
>
> _____
>
> _____

3 Kopiert eure Vorlage: Jeder Schüler braucht diese Vorlage
für jeden Mitschüler seiner Gruppe einmal.

 4 Füllt die Vorlagen aus:
Jeder Schüler schreibt für jeden Mitschüler seiner Gruppe
auf, was sie oder er gut kann und was eher nichts für sie
oder ihn ist.

5 Wenn alle ihre Vorlagen ausgefüllt haben,
werden die Einschätzungen verteilt.
Jeder bekommt von jedem aus der Gruppe
eine Einschätzung. Das sind 3 oder 4 Meinungen.

6 Lest die Einschätzungen in der Runde vor.
Es ist wichtig dabei, mit jedem aus der Gruppe
respektvoll umzugehen.

Wo möchte ich ein Praktikum machen?

1 „Unsere Lehrerin hat gesagt,
2 dass wir in diesem Schuljahr
3 ein Betriebspraktikum machen.
4 Das finde ich super!
5 Aber ich weiß noch gar nicht,
6 wo ich mein Praktikum machen soll."

Bevor du dich in einem Betrieb um einen Praktikumsplatz bewirbst, solltest du dir zu verschiedenen Fragen Gedanken machen:

1   In welchem Berufsfeld möchte ich ein Praktikum machen?
▶ Schlag noch einmal die Übersicht über die Berufsfelder im Kapitel „Berufskunde" auf. Wähle zwei Berufsfelder aus, die dich interessieren.
2   Welche Berufe interessieren mich?
▶ Wähle aus diesen Berufsfeldern zwei oder drei Berufe aus, die du dir vorstellen könntest. Oder fallen dir noch ganz andere Berufe ein?
3   Wen kann ich fragen?
▶ Ein Praktikumsplatz ist oft nicht leicht zu finden. Daher erleichtert es die Suche, wenn man jemanden kennt, den man direkt fragen kann. Es kommt oft vor, dass Eltern oder Freunde jemanden kennen, der dich bei der Praktikumssuche unterstützen kann.
4   Welche Betriebe sind in der Nähe?
▶ Suche möglichst Betriebe aus, die in deiner Nähe liegen. Am einfachsten ist es, im Internet oder in den „Gelben Seiten" zu suchen. Vielleicht kennst du auch vom Vorbeigehen einige Betriebe in deiner Nähe?
5   Wer könnte mir eine Zusage geben?
▶ Oft gibt es mehrere Bewerber für eine Praktikumsstelle. Daher ist es sinnvoll, sich bei mehreren Praktikumsstellen zu bewerben. Es kann dir durchaus passieren, dass du von zwei Betrieben eine Absage erhältst, und der dritte Betrieb nimmt dich.

Wo möchte ich ein Praktikum machen?

 1 Schreibe die 5 Fragen für die Praktikumssuche auf ein Blatt.
Versuche, die Fragen selbstständig zu beantworten.
Schreibe zu jeder Frage Stichworte auf.

Frage 1: In welchem Berufsfeld möchte ich ein Praktikum machen?
Stichworte: Ich arbeite gerne im Freien.
Zu mir könnte passen: Arbeit in einer Gärtnerei, Arbeit in einer Försterei,
Arbeit in der Landwirtschaft, …

Robin, Manuel und Steffi haben sich folgende Praktikumsplätze ausgewählt.

Ich arbeite gerne draußen, im Freien.
Ich interessiere mich für Bäume und verschiedene Pflanzen.
Daher möchte ich in einer Gärtnerei Praktikum machen.

Bei mir in der Nähe ist eine Tankstelle.
Dort möchte ich ein Praktikum machen.
Da muss ich nicht so früh aufstehen und bin schnell da.

Mein Onkel hat eine Änderungsschneiderei.
Er wird mich bestimmt nehmen.
Ich habe auch früher schon dort ausgeholfen.

 2 Wo wollen die Jugendlichen ihr Praktikum machen?

 3 Nach welchen Gründen haben die Jugendlichen ihren
Praktikumsplatz ausgewählt?

 4 Wie beurteilt ihr diese Gründe?

Wie finde ich einen Praktikumsplatz?

Du hast dich für ein Berufsfeld entschieden, in dem du ein Praktikum machen möchtest. Nun musst du einen Betrieb finden, der dich nimmt.

Die meisten Schüler suchen sich ihren Betrieb selbst.

1 Anna möchte ein Praktikum in einer
2 Tischlerei machen. Im Internet gibt sie
3 in einer Suchmaschine „Tischlerei"
4 und ihre Postleitzahl und Stadt ein.
5 Sie erhält mehrere Adressen von
6 Tischlereien in ihrer Nähe.

7 Die Suche nach einem Praktikumsplatz
8 kann sehr unterschiedlich verlaufen:
9 Bei einigen von euch geht das vielleicht
10 ganz schnell und einfach, manche müssen
11 womöglich lange suchen
12 und sogar Bewerbungen schreiben.
13 Bei der Bewerbung um einen Ausbildungsplatz
14 gibt es klare Vorgaben, was du zu tun hast.
15 Bei der Bewerbung um einen Praktikumsplatz
16 ist das nicht immer so.
17 Manche Betriebe wünschen sich eine schriftliche
18 Bewerbung und wollen auch Schulzeugnisse sehen.
19 Anderen Betrieben reicht es aus, wenn du einfach
20 vorbeikommst und dich vorstellst.

 **1** Suche Adressen und Telefonnummern im Internet oder den „Gelben Seiten", die für dein Praktikum in Frage kommen.

 2 Schreibe dir mindestens 3 Betriebe auf.

Wie finde ich einen Praktikumsplatz?

Nun geht es darum, Kontakt zu dem Betrieb aufzunehmen.
Am einfachsten ist es, wenn du zunächst in dem Betrieb anrufst.

3 Der erste Eindruck ist oft entscheidend.
Daher solltest du dich auf ein Telefonat mit dem Betrieb vorbereiten.
Schreibe dir am besten auf, was du sagen und wissen möchtest.

> - *Anna Eder, Heinrich-Böll-Schule*
> - *Praktikum vom 15. März bis 3. April*
> - *Wann kann ich zur Vorstellung vorbeikommen?*
> - ...

4 Übt das Telefonieren im Rollenspiel.

Tischlerei Fröhlich, Schmitz am Apparat.

Guten Tag, mein Name ist Anna Eder.

Guten Tag, Frau Eder. Was kann ich für Sie tun?

Ja, gerne Frau Eder.

Ich gehe in die Heinrich-Böll-Schule. Vom 15. März bis 3. April werden wir ein Betriebspraktikum machen. Ich interessiere mich für den Beruf des Tischlers und möchte mein Praktikum gerne bei Ihnen machen. Darf ich zu einem Vorstellungsgespräch bei Ihnen vorbeikommen?

Wann könnte ich denn vorbeikommen?

In manchen Betrieben kannst du dich auch direkt vor Ort
erkundigen. Dann wird meist dort ein Termin vereinbart,
an dem du dich beim Chef vorstellen kannst.

5 Auf das Gespräch mit dem Chef solltest du
dich ebenfalls vorbereiten.
Überlege, was du sagen und fragen möchtest.
Die Checkliste hilft dir dabei.

> **Ein Gespräch führen:**
> - die Begrüßung ✔
> - die Vorstellung der eigenen Person ✔
> - das Anliegen ✔
> - die Fragen ✔
> - die Verabschiedung ✔

Während des Praktikums: Wie soll ich mich verhalten?

Die Schüler haben ihr Praktikum in den verschiedenen Betrieben begonnen. Viele von ihnen wissen noch nicht so richtig: Wie soll ich mich verhalten?

Herr Schmitz ist Betriebsleiter. Er erzählt:

1 Ich freue mich immer, wenn wir Praktikanten haben,
2 die offen sind, Interesse an der Arbeit zeigen und
3 auch Fragen stellen. Für manche Praktikanten ist das
4 unangenehm. Aber das ist nicht nötig, im Gegenteil!
5 Ich finde das richtig gut, wenn ich sehe, dass
6 die Praktikanten bei uns etwas lernen wollen.

Stefan war auch mal Praktikant. Er erzählt:

1 Ich habe mein Betriebspraktikum
2 in der Gärtnerei „Rosenberg" gemacht.
3 Das hat mir sehr gut gefallen.
4 Danach habe ich hier immer wieder ausgeholfen,
5 am Wochenende und in den Ferien.
6 Am Ende meiner Schulzeit hatte ich zwar
7 nicht das beste Zeugnis, aber mein Chef hat mir
8 trotzdem eine Ausbildung in seinem Betrieb
9 angeboten – weil ich ihn mit meinem Einsatz
10 überzeugt hatte!

 1 Was findet Herr Schmitz bei Praktikanten wichtig? Worauf kommt es an?

 2 Was erzählt Stefan? Womit hat er seinen Chef überzeugt?

 3 Mit welchen Eigenschaften und Verhaltensweisen könnt ihr im Praktikum einen guten Eindruck machen? Sammelt Vorschläge in Partnerarbeit.

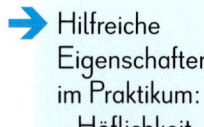 Hilfreiche Eigenschaften im Praktikum:
– Höflichkeit
– Pünktlichkeit
…

Während des Praktikums: Wie soll ich mich verhalten?

 4 Was läuft hier falsch?
Beschreibt die Situationen auf den Bildern.

Darauf solltest du während des Praktikums achten.

Verhaltensregeln im Praktikum

- Sei pünktlich!

- Sei freundlich und höflich!

- Befolge die Anweisungen deiner Vorgesetzten!

- Achte auf angemessene Kleidung!

- Stelle Fragen zu deiner Arbeit, zeige Interesse!

- Frage auch nach, wenn du etwas nicht verstehst.

- Wenn du einen Fehler gemacht hast:
  Melde ihn deinem Vorgesetzten.

- Wenn du krank bist:
  Melde dich morgens <u>vor</u> Arbeitsbeginn telefonisch ab.

 5 Sprecht über die Verhaltensregeln.
Welche weiteren fallen euch ein?

Darauf muss ich achten: Unfallschutz

Jeder Mitarbeiter eines Betriebes muss darauf achten, dass ihm und anderen nichts passiert. Dafür gibt es Hinweisschilder: Warnzeichen, Gebotszeichen und Verbotszeichen.

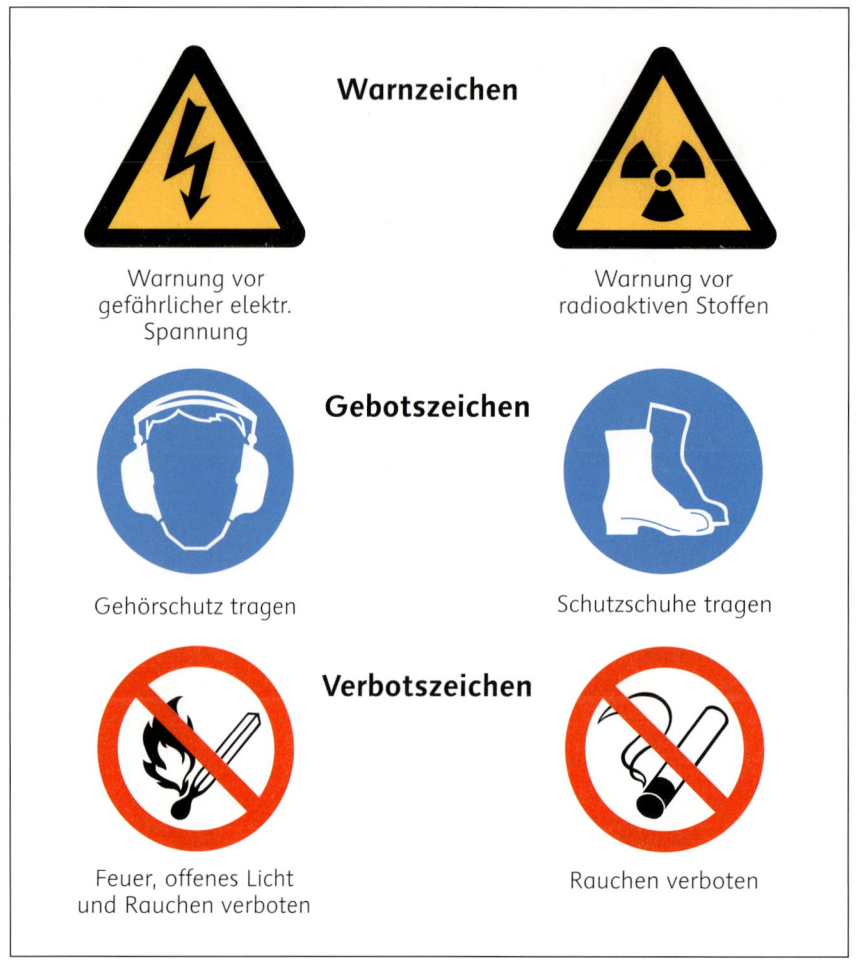

Warnzeichen

Warnung vor gefährlicher elektr. Spannung

Warnung vor radioaktiven Stoffen

Gebotszeichen

Gehörschutz tragen

Schutzschuhe tragen

Verbotszeichen

Feuer, offenes Licht und Rauchen verboten

Rauchen verboten

1 Schaut euch die Schilder an: Welche Farbe haben Warnzeichen, Gebotszeichen, Verbotszeichen?

2 Warum ist es wichtig, diese Schilder zu beachten?

In der Klappenseite vorne findet ihr weitere Schilder. Für eure Sicherheit am Praktikumsplatz ist es wichtig, alle Hinweisschilder zu beachten.

Darauf muss ich achten: Regelungen

**In jedem Betrieb gibt es bestimmte Regelungen und wichtige Vorschriften.
Dein Betreuer im Betrieb muss dich darüber informieren.**

1 Es gibt Gesetze, die festlegen, unter welchen Bedingungen
2 du während des Praktikums arbeiten darfst.
3 Wichtig für dich und den Betrieb ist zu wissen:

4 • Das Schülerbetriebspraktikum ist eine Schulveranstaltung.
5 • Du bist über die Schule versichert.
6 • Wenn du unter 15 Jahren bist, darfst du höchstens
7   35 Stunden pro Woche und 7 Stunden pro Tag arbeiten.

Jugendarbeitsschutz	Das ist erlaubt oder vorgeschrieben:

§ 11: Pausen	– nach 4 Stunden und 30 Minuten:
	   30 Minuten Pause
	– nach 6 Stunden:
	   60 Minuten Pause

§ 13: Freizeit	Nach der Arbeit haben Jugendliche mindestens 12 Stunden Freizeit. Erst nach diesen 12 Stunden dürfen sie wieder arbeiten.
§ 14: Nachtruhe	Arbeit zwischen 20 Uhr abends und 6 Uhr morgens ist verboten.
§ 15: Fünf-Tage-Woche	Jugendliche arbeiten von Montag bis Freitag.

 3 Welche wichtigen Vorschriften gibt es noch in deinem
Praktikumsbetrieb?

Nach dem Praktikum

Geschafft! Dein Praktikum ist vorbei.
Vielleicht findest du das schade, vielleicht bist du aber auch froh.
Einiges ist bestimmt gut gelaufen, anderes war womöglich schwierig.

Die Schüler der Otto-Hahn-Schule tauschen sich
nach dem Betriebspraktikum über ihre Erfahrungen aus.

Ömer hat ein Praktikum bei einem Maurer gemacht. Er musste jeden Morgen schon um 7 Uhr im Betrieb sein …

Folgende Fragen haben die Schüler sich gegenseitig gestellt:

- In welchem Beruf hast du ein Praktikum gemacht?
- Wie waren deine Arbeitszeiten?
- Welche Arbeiten durftest du machen?
- Welche Arbeiten hast du gerne gemacht, welche nicht?
- War dein Chef nett?
- Wie hast du dich mit den Mitarbeitern verstanden?
- Ist auch mal etwas schief gelaufen?
  Was hast du dann gemacht?
- Was möchtest du im nächsten Praktikum anders machen?
- Welche Note würdest du deinem Praktikum geben?

 1 Arbeite mit einem Partner. Befragt euch gegenseitig zu eurem Praktikum.

→ ein Partnerinterview durchführen S. 138

a) Stellt euch gegenseitig eure Fragen und beantwortet sie.
b) Schreibt die Antworten auf.
c) Berichtet nun der Klasse von den Erfahrungen,
   die euer Partner gemacht hat.

✓ Das kann ich!

 1 Ergänze die Sätze mit den passenden Wörtern.
Schreibe dann die kompletten Sätze auf ein Blatt.

1 Ein Praktikum soll uns bei der ▓▓▓ helfen.
2 Wir erhalten dort einen ersten Eindruck in die ▓▓▓.
3 Im Praktikum erleben wir, was man in einem Beruf
4 während eines ▓▓▓ tut.
5 Manchmal dürfen wir auch selbst etwas ▓▓▓.
6 Am Ende erhalten wir von unseren Vorgesetzten eine ▓▓▓.
7 Nun können wir etwas besser darüber urteilen, ob
8 unser gewählter Beruf tatsächlich ein ▓▓▓ für uns ist.

➡ Arbeitstages
Arbeitswelt
ausprobieren
Berufswahl
Beurteilung
Traumberuf

 2 Du suchst einen Praktikumsplatz.
Wie sollst du vorgehen?

➡ schaut noch einmal nach auf Seite 122

a) Nenne die unterschiedlichen Möglichkeiten.
b) Warum ist es sinnvoll, sich bei mehreren Betrieben zu bewerben? Begründe deine Antwort.

 3 Was bedeuten die folgenden Schilder?
Schreibe jeweils einen Satz auf.

ⓐ  ⓑ  ⓒ  ⓓ

 4 Welcher Satz ist richtig? Schreibe ihn auf.

Als Praktikant …

… muss ich nur die Arbeiten erledigen, die mir gefallen.

… darf ich Maschinen ohne Erlaubnis und Aufsicht ausprobieren.

… gelten für mich die gleichen Vorschriften wie für alle Angestellten.

Wichtige Fähigkeiten in allen Berufen

Es gibt Fähigkeiten, die in fast allen Berufen eine wichtige Rolle spielen.
Sie sind der Schlüssel zum Erfolg in Ausbildung und Beruf.
Die Tabelle informiert dich über diese Fähigkeiten.
Du kannst die Tabelle auch als Check-Liste benutzen.

☺ ☺ ☹	
☐ ☐ ☐	**Ausdauer** Dazu zählt: Routinearbeiten geduldig erledigen. Ganz gleich, ob du ein Geländer streichst, Kleider nähst oder Salat putzt. Hier ist Ausdauer gefragt. Du bleibst bei der Sache. Und du achtest immer auf die gleiche Qualität.
☐ ☐ ☐	**Belastbarkeit** Dazu gehört: manchmal besonders viel erledigen zu müssen. Du bleibst auch ruhig, wenn es einmal hektisch zugeht und du verschiedene Aufgaben erledigen musst. Und du kannst deine Aufgaben auch gut erledigen, wenn es schnell gehen muss.
☐ ☐ ☐	**Computerkenntnisse** Das heißt: einen Computer bedienen und mit einigen Programmen zum Beispiel zur Textverarbeitung umgehen. Wenn technische Probleme auftreten, weißt du, an wen du dich wenden musst. Und du kannst das Internet nutzen.
☐ ☐ ☐	**Einsatzbereitschaft** Das bedeutet: Aufgaben aktiv und mit voller Kraft erledigen. Du bringst eigene Vorschläge ein. Man kann mit deinem Einsatz rechnen. Qualität und Erfolg der Arbeit sind dir wichtig. Du bist auch mal länger da, wenn es nötig ist. Und du drückst dich auch nicht vor unangenehmen Arbeiten.
☐ ☐ ☐	**Flexibilität** Das bedeutet: sich gut auf neue Situationen einstellen können und auch kurzfristig bereit sein, neue Aufgaben zu übernehmen. Du bietest dich an oder springst ein, wenn jemand bei der Arbeit oder einem Projekt ausfällt. Und dazu gehört auch, an einem Tag verschiedene Aufgaben zu erledigen.
☐ ☐ ☐	**Ideenreichtum** Dazu gehört: einen Garten schön anlegen, Geschenke originell verpacken, eine Salatplatte anrichten, ein schickes Kleid nähen, schöne Blumensträuße binden, eine Torte verzieren. Du hast Gespür für Formen und Farben. Du kannst erkennen, was gut zusammenpasst. Und dir fallen auch neue Dinge ein.

Wichtige Fähigkeiten in allen Berufen

☺ ☺ ☹
☐ ☐ ☐

Kontaktfähigkeit
Dazu gehört: zu anderen freundlich sein und ihnen zuzuhören, selbst erzählst du aber auch ein wenig von dir. Du gehst auf andere zu und berücksichtigst ihre Wünsche. Du hast Respekt vor anderen.

☺ ☺ ☹
☐ ☐ ☐

Konzentrationsfähigkeit
Das heißt: bei der Sache sein. Du erledigst deine Aufgaben, ohne an etwas anderes zu denken. Es fällt dir nicht schwer, dich nur auf eine Sache zu konzentrieren. Und du erledigst deine Aufgaben gründlich.

☺ ☺ ☹
☐ ☐ ☐

Lernbereitschaft
Das heißt: bereit sein, Neues zu lernen. In der Schule und der Ausbildung gehört das dazu. Aber auch im Beruf muss man ständig weiterlernen. Du lernst gerne dazu, auch wenn es anstrengend ist und Zeit kostet. Und du bist offen gegenüber Veränderungen.

☺ ☺ ☹
☐ ☐ ☐

Planungsfähigkeit
Das heißt: eine Arbeit oder ein Projekt gut planen und organisieren. Das muss man in fast allen Berufen. Dabei wird überlegt: Was wird gebraucht? Zum Beispiel Räume, Materialien, Werkzeuge. Wer wird gebraucht? Was muss in welcher Zeit erledigt werden? Und wie muss das Ergebnis oder das Produkt aussehen?

☺ ☺ ☹
☐ ☐ ☐

Selbstständigkeit
Das heißt: Aufgaben ohne Anleitung von anderen erledigen, auch Aufgaben selbst zu übernehmen. Wichtig ist, bei Schwierigkeiten zuerst einmal selbst nach Lösungen zu suchen. Und wenn du mal nicht klar kommst, kannst du jemanden fragen und um Hilfe bitten.

☺ ☺ ☹
☐ ☐ ☐

Teamfähigkeit
Das bedeutet: eine Aufgabe oder ein Projekt gemeinsam mit anderen gut durchführen. Man plant gemeinsam, packt zusammen an. Du bringst dich selbst aktiv ein und erledigst deine Aufgaben. Im Team hilft einer dem anderen. Jeder kann sich auf den anderen verlassen. Du fühlst dich für die gemeinsame Arbeit verantwortlich. Und wenn dich mal jemand kritisiert, bist du nicht beleidigt.

☺ ☺ ☹
☐ ☐ ☐

Zuverlässigkeit
Das heißt: man kann sich auf dich verlassen. Du erledigst deine Aufgaben rechtzeitig und aktiv. Auch Pünktlichkeit gehört dazu. Und wenn etwas schief läuft, sagst du Bescheid.

Training Praktikum: Checklisten

Ein Gespräch führen

Ein Gespräch führen:
• die Begrüßung ✓
• die Vorstellung der eigenen Person ✓
• das Anliegen ✓
• die Fragen ✓
• die Verabschiedung ✓

Einen Tagesbericht schreiben

Einen Tagesbericht schreiben:
• der Vorname und der Nachname ✓
• das Datum ✓
• die richtige Reihenfolge ✓
• das Wesentliche vom Tag ✓
• Verben im Präteritum ✓

Einen Vorgang beschreiben

Einen Vorgang beschreiben:
• die Überschrift ✓
• die richtige Reihenfolge ✓
• das Wesentliche vom Vorgang ✓
• genau und anschaulich ✓
• Verben im Präsens ✓
• unterschiedliche Satzanfänge ✓
• mit **man** beschreiben ✓

Eine Bewerbung schreiben

Eine Bewerbung schreiben:
• der Absender ✓
• der Ort, das Datum ✓
• die Adresse ✓
• der Betreff ✓
• die Anrede ✓
• der Textblock ✓
• der Gruß ✓
• die Unterschrift ✓
• die Anlagen ✓

Einen Lebenslauf schreiben

Einen Lebenslauf schreiben:
• die Überschrift Lebenslauf ✓
• der Name ✓
• die Anschrift ✓
• geboren ✓
• die Schulbildung ✓
• außerschulische Interessen und Kenntnisse ✓

Eine Betriebserkundung planen und durchführen

Darum geht es:

Ihr könnt Einblick in die Arbeit in einem Betrieb bekommen.
Ihr könnt Informationen sammeln über:

- Arbeitsabläufe, Werkstoffe, Werkzeuge in dem Betrieb
- Anforderungen für den jeweiligen Beruf

So könnt ihr vorgehen:

1. Schritt: Vorbereitung

■ Besprecht in der Klasse gemeinsam:
- Welche Betriebe gibt es bei euch in der Nähe?
- Welchen Betrieb wollt ihr erkunden?
- Wie kommt ihr dorthin?

■ Vereinbart einen Termin mit dem Betrieb.

■ Stellt einen Arbeitsplan auf:
- Welche Fragen wollt ihr stellen?
- Wer schreibt die Antworten auf?
- Wer macht Fotos?

2. Schritt: Durchführung

- Geht oder fahrt gemeinsam zu eurem Ziel.
- Denkt an eure Aufgaben.

3. Schritt: Auswertung
Die Ergebnisse präsentieren

■ Gestaltet ein Plakat.
- Was habt ihr über die Arbeit im Betrieb erfahren?
- Welche Informationen habt ihr gesammelt?

■ Wählt Fotos und Info-Materialien aus.
■ Klebt die Fotos und die Materialien auf und beschriftet sie.

Eine Preiserkundung planen und durchführen

Darum geht es:

Ihr könnt Informationen über den Preis und Qualität von verschiedenen Produkten einholen. Eine Preiserkundung kann euch helfen, eine Kaufentscheidung zu treffen.

So könnt ihr vorgehen:

1. Schritt: Vorbereitung

- Besprecht in der Klasse gemeinsam:
  - Über welche Produkte wollt ihr euch informieren?
  - Stellt eine Liste über diese Produkte zusammen.
  - In welchen Geschäften wollt ihr euch informieren?
- Erstellt eine Tabelle für den Erkundungsbogen.

2. Schritt: Durchführung

- Bildet Gruppen von 2 bis 3 Personen.
- Jede Gruppe wählt ein Produkt aus.
- Geht in die Geschäfte und informiert euch.
- Füllt dabei den Erkundungsbogen aus.

3. Schritt: Auswertung

- Sprecht über eure Erfahrungen.
  - In welchen Geschäften wart ihr?
  - Welche Produkte habt ihr verglichen?
  - Was habt ihr über den Preis und über die Qualität
  - der Produkte herausgefunden?
- Stellt eure Ergebnisse mit Hilfe von euren Erkundungsbögen vor.

Eine Tabelle zeichnen/ Stichworte aufschreiben

In einer Tabelle kann ich Informationen ordnen.
Ich kann selbst eine Tabelle zeichnen.

So zeichne ich eine Tabelle:

- Ich brauche ein kariertes **Blatt**, einen **Bleistift** und ein **Lineal**.

- Ich lege das Blatt mit der langen Seite vor mich hin.

- Ich zeichne eine lange Linie. Das ist die **Zeile**.

- Nun teile ich die Linie in gleich große Teile. Das sind die **Spalten**.

- In jede Spalte schreibe ich eine Überschrift.

➜ Eine Tabelle zeichnen kannst du auf S. 17, 21, 23, 49.

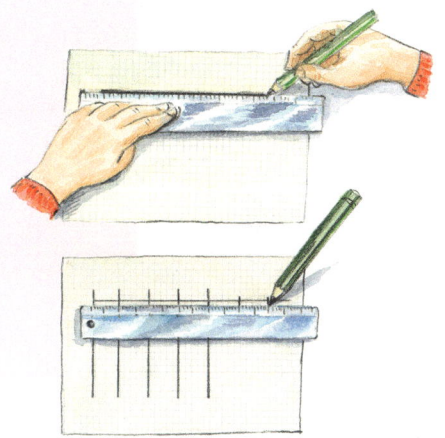

Ich kann wichtige Informationen oder einen längeren Text
in Stichworten zusammenfassen.

So mache ich Stichworte:

- Ich lese einen Satz.

- Ich überlege, was die wichtigen Informationen in dem Satz sind.

- Die wichtigen Informationen erfrage ich mit:
  Wer? Was? Wie? Warum?
  Wohin? Wo? Wie lange?

- Ich schreibe
  zu den wichtigen Informationen
  Wörter und Wortgruppen auf.

➜ Stichworte aufschreiben kannst du auf S. 47, 109.

Unsere Tischler stellen aus dem
Holzwerkstoff verschiedene Produkte her:
zum Beispiel Tische, Schränke oder
Fensterrahmen.

Meine Stichworte:
verschiedene Produkte aus Holz, Tische,
Schränke oder Fensterrahmen

Das Rollenspiel/
Ein Partnerinterview durchführen

In einem Rollenspiel könnt ihr eine Situation nachspielen.

Ein Rollenspiel planen und durchführen:

- Entscheidet, wer welche Person spielt.

- Überlegt gemeinsam:
  - Was denkt die Person?
  - Was tut die Person?
  - Was sagt die Person?

- Mach euch zu jeder Person Notizen.

- Besprecht gemeinsam wie ihr spielen wollt

- Führt dann das Rollenspiel vor.

➔ Ein Rollenspiel planen und durchführen kannst du auf S. 19, 125.

In einem Partnerinterview könnt ihr euch gegenseitig Fragen stellen und diese beantworten. So könnt ihr euch besser kennen lernen.

Ein Partnerinterview durchführen:

- Schreibt Fragen auf, die euch interessieren.

- Lasst hinter jeder Frage zwei Zeilen frei für die Antworten.

- Stellt euch gegenseitig die Fragen.
  - Mit wie vielen Personen lebst du in einem Haushalt?
  - Wer kocht bei euch? (…)

- Beantwortet die Fragen.

- Schreibt die Antworten auf.

- Stellt eure Ergebnisse in der Klasse vor.

➔ Ein Partnerinterview durchführen kannst du auf S. 13, 130.

Eine Collage gestalten/
Einen Cluster erstellen

Eine Collage ist ein Plakat zu einem bestimmten Thema. Hier kannst du Bilder oder andere Materialien zum Thema auswählen, ordnen und anderen Mitschülern präsentieren.

So könnt ihr vorgehen:

- Schneidet aus Zeitschriften oder Prospekten Bilder aus, die zu dem Thema passen.

- Sammelt auch weitere Materialien dazu.

- Ihr könnt auch etwas dazu zeichnen.

- Ordnet eure Materialien (Bilder, Texte, Sprechblasen) auf dem Plakat.

- Klebt die Materialien auf.

➜ Eine Collage gestalten kannst du auf S. 50.

Eure Gedanken zu einem Thema könnt ihr in einem Cluster sammeln.

So könnt ihr vorgehen:

- Nehmt ein Blatt Papier.

- Schreibt in die Mitte das Thema. Kreist das Thema ein.

- Schreibt eure Gedanken zum Thema rundherum. Kreist jeden Gedanken ein.

- Verbindet die Gedanken durch einen Strich mit dem Thema in der Mitte

➜ Einen Cluster erstellen kannst du auf S. 9, 27, 103.

Basisrezepte für die Schulküche

 Hier findet ihr Grundrezepte für vier verschiedene Teigsorten.

Rührteig

Zutaten:
- 250 g Butter oder Margarine
- 200 g Zucker
- 1 Packung Vanillinzucker
- 1 Prise Salz
- 4 Eier
- 500 g Mehl
- 1 Packung Backpulver
- 250 ml Milch
- Fett für die Form

Tipps:

Rührteig ist geeignet für Kuchen in Springform, Gugelhupf- oder Kastenform oder auch für Blechkuchen.

Blechkuchen könnt ihr auch mit Obst belegen (z. B. mit Apfelspalten).

Zubereitung:
Butter oder Margarine mit dem Handrührgerät schaumig schlagen.
Zucker, Vanillinzucker, Prise Salz sowie die Eier
zugeben und zu einer cremigen Masse rühren.
Mehl und Backpulver mischen und wechselweise mit Milch gründlich unterrühren.
Der Teig muss schwer reißend vom Löffel fallen.

Backen: bei 175 °C (Umluft 150 °C) ca. 50–60 Minuten backen.

Waffelteig (ergibt ca. 10 Portionen)

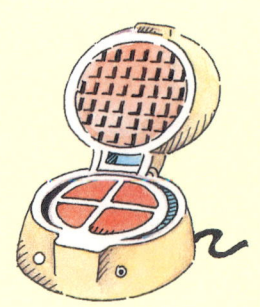

Zutaten:
- 80 g Butter
- 60 g Zucker
- 1 Pkg. Vanillinzucker
- 3 Eier
- 300 g Mehl
- 1 Pkg. Backpulver
- ca. 400 ml Milch

Zubereitung:
Weiche Butter mit Zucker und Vanillinzucker schaumig rühren.
Eier einzeln zufügen und gut verrühren.
Mehl und Backpulver mischen und wechselweise mit Milch unter die Masse rühren.
Es entsteht ein zähflüssiger Teig.
Vor dem Backen den Waffelteig ca. für 30 Minuten ruhen lassen.

Backen: Waffeleisen vorheizen, Waffelteig portionsweise auf
das heiße Waffeleisen geben und in ca. 5 Minuten goldbraun backen.

Mürbeteig

Zutaten:

- 250 g Mehl
- 125 g Butter oder Margarine
- 60 g Zucker
- 1 Ei
- 1 Prise Salz

Zubereitung:

Zutaten mit den Knethaken der Handrührmaschine kurz vermengen
Arbeitsfläche mit Mehl bestreuen, die Teigmasse hier drauflegen
und mit den Händen zu einem glatten Teig kneten.
Den Teig für 20−30 Minuten in den Kühlschrank stellen.

Backen: bei **200 °C** (Umluft 170 °C) ca. 20 Minuten backen.

Tipps:
Mürbeteig ist geeignet für dünne Obsttortenböden oder für Plätzchen (Weihnachtsgebäck).
Für Plätzchen muss der Teig noch gewürzt werden.

Hefeteig

Zutaten:

- 500 g Mehl,
- 40 g Frischhefe oder
  1 Pkg. Trockenhefe
- 60−80 g Butter oder Margarine
- 60 bis 80 g Zucker
- 1 Prise Salz, 1 Ei
- 250 ml lauwarme Milch

Tipps:
Hefeteig ist geeignet für Kleingebäck, Pizza, Blechkuchen.
Bei Pizzateig weniger Zucker verwenden.

Zubereitung:

Mehl in eine Schüssel geben, in die Mitte eine Mulde drücken
In einer Tasse Hefe mit 1 TL Zucker und wenig lauwarme Milch
zu einem Vorteig vermischen. Den Vorteig aus der Tasse in die Mulde geben.
Mit Kuchentuch zudecken, ca. 20. Minuten gehen lassen.
(In der Zwischenzeit können die Zutaten für den Belag vorbereitet werden.)

Weiche Butter, Ei, Zucker, Prise Salz dazugeben und mit der lauwarmen Milch
gut verrühren. Mit den Knethaken der Handrührmaschine oder mit den Händen
zu einem glatten Teig verarbeiten.

Backen: bei **180 °C** (Umluft 150 °C)
Backzeit: bei Hefe-Kleingebäck **ca. 20. Minuten**
bei Pizza oder Blechkuchen **ca. 40 Minuten**

Kurz und kompakt –
Inhalte auf einem Blick

📖 Menschen leben und arbeiten in einem Haushalt

1 Wir leben alle in verschiedenen Haushaltsformen.
2 Manche Menschen (zum Beispiel Eltern mit Kindern)
3 leben in einem Haushalt zusammen.
4 Diese Form nennen wir Mehrpersonenhaushalt.
5 Es gibt aber auch Ein-Personen-Haushalte.
6 Hier lebt ein Mensch allein und die Aufgaben
7 werden allein oder von einer fremden Person erledigt.
8 Und es gibt auch noch viele andere Haushaltsformen.
9 Was für jeden Haushalt gilt: Jeder Haushalt ist eine Wirtschaftseinheit.
10 • Welche Arbeiten sind in einem Haushalt zu erledigen?
11 • Welche Aufgaben könnte ich übernehmen?
12 • Welche Geräte gibt es in einem Haushalt?
13 Damit hast du dich im **Lernbereich Hauswirtschaft** beschäftigt.

📖 Menschen arbeiten in verschiedenen Berufen

1 Es gibt sehr viele und unterschiedliche Arbeits-
2 plätze. Manche Menschen arbeiten in Büros,
3 manche in Handwerksbetrieben. Einige arbeiten
4 in Krankenhäusern, andere in Geschäften oder
5 auf dem Bau. Es gibt auch viele Berufe in der
6 Land- und Forstwirtschaft. Man kann die Vielfalt
7 von Berufen kennen lernen, indem man Betriebe erkundet, berufstätige
8 Personen befragt und am besten selber ein Betriebspraktikum macht.
9 Für jeden Beruf gibt es bestimmte Anforderungen, die erfüllt werden müssen.
10 • Was muss ein Tischler können?
11 • Welche Aufgaben hat eine Tierpflegerin?
12 Diese Fragen beantwortet uns der **Lernbereich Berufskunde**.

Kurz und kompakt –
Inhalte auf einem Blick

📖 Menschen verdienen Geld

1 Menschen arbeiten und verdienen damit Geld.

2 Das Geld erhalten sie als Gehalt oder Lohn auf

3 ihrem Konto. Das Geld können sie sparen oder

4 ausgeben. Die meisten Menschen haben

5 ein Girokonto bei einem Geldinstitut. Es gibt

6 Ausgaben, die regelmäßig gezahlt werden müssen.

7 So eine Ausgabe ist zum Beispiel die Miete für die Wohnung.

8 Sie wird in jedem Monat vom Konto überwiesen.

9 • Was kann ich mit einem Girokonto machen?

10 • Was ist eine Überweisung?

11 • Gibt es auch ein Konto für Jugendliche?

12 Auf diese Fragen konntest du Antwort im

13 **Lernbereich „Rund ums Geld"** finden.

📖 Menschen sind Verbraucher

1 Menschen können ihr Geld ausgeben und sich

2 etwas kaufen. Menschen wollen mit dem Kauf

3 ihre Bedürfnisse befriedigen. Sie kaufen sich

4 zum Beispiel Nahrungsmittel, Kleidung, Bücher

5 oder CDs. Es gibt auch bestimmte Dienstleistungen,

6 die sie in Anspruch nehmen. Sie gehen zum Frisör,

7 manchmal in ein Restaurant oder am Wochenende ins Kino.

8 Menschen geben ihr Geld für Produkte und Dienstleistungen aus.

9 Menschen sind Verbraucher oder mit einem anderen Wort: Konsumenten.

10 • Was beeinflusst unser Konsumverhalten?

11 • Wie funktioniert der Markt?

12 • Was bedeuten Angebot und Nachfrage?

13 Das hast du in dem **Lernbereich „Markt und Konsum"** erfahren.

Bildquellen